Mein Sonnenkind

Hardy Schober

MEIN SONNEN KIND

Wie ich meine Tochter beim Amoklauf in Winnenden verlor und nun gegen die Waffenlobby kämpfe

Aufgezeichnet von Daniel Oliver Bachmann

ISBN 978-3-517-08734-4
© 2012 by Südwest Verlag, einem Unternehmen der
Verlagsgruppe Random House GmbH, 81673 München

Redaktionsleitung: Silke Kirsch
Projektleitung: Stefanie Heim
Lektorat: Judith Mark
Konzeption und Vermittlung: Ariadne Buch, Christine Proske
Umschlaggestaltung: R.M.E. Eschlbeck/Kreuzer/Botzenhardt
Layout und Satz: Nadine Thiel | kreativsatz, Baldham
Druck und Verarbeitung: GGP Media GmbH, Pößneck

Gedruckt auf chlor- und säurefreiem Papier
Printed in Germany

MIX
Papier aus verantwor-
tungsvollen Quellen
FSC® C014496

Verlagsgruppe Random House FSC-DEU-0100
Das für dieses Buch verwendete FSC®-zertifizierte Papier
Munken Premium liefert Arctic Paper Munkedals AB, Schweden.

817 2635 4453 6271

Dieses Buch sollte es nicht geben müssen. Es erzählt von einer der größten Katastrophen, die je an einer deutschen Schule passierten: dem Amoklauf von Winnenden. Durch das Buch werden unsere toten Kinder nicht wieder lebendig. Doch es soll dazu beitragen zu verhindern, dass ein ähnliches Unglück noch einmal geschieht. Die politisch Verantwortlichen haben bislang wenig dafür getan, dass diese Gefahr aus unserem Alltag verschwindet. Deshalb gibt es dieses Buch.

Inhalt

Das Sonnenkind

Drei Tage vor der Katastrophe sah ich meine Tochter zum letzten Mal. Es war Karnevalszeit – Fastnacht, wie man bei uns sagt –, eine Zeit des Vergnügens, der Freude, des Spaßes.

Jana war begeisterte Tänzerin bei den Gardemädchen der „Waiblinger Salathengste". Unsere Heimatstadt Winnenden, nahe der baden-württembergischen Hauptstadt Stuttgart, gehört zum Einzugsbereich der schwäbisch-alemannischen Fastnacht oder „Fasnet". Eine jahrhundertealte Tradition, ursprünglich entstanden, um den Menschen an den Tagen vor Beginn der Fastenzeit ihre Verstrickung mit der Sünde vor Augen zu führen. Inzwischen ist von dieser alten Bedeutung kaum noch etwas zu spüren – nur gelegentlich klingt sie noch an, etwa in der Redensart „Fasnet ist eine ernste Sache".

Für Jana war die Fasnet natürlich vor allem ein großer Spaß. Ich nannte sie „mein Sonnenkind", weil ihre Freude so ansteckend war. Gab es irgendwo Probleme – sei es in der Schule, im Verein oder auch mal zu Hause –, hatte sie die Fähigkeit, alles schnell ins Positive zu wenden. In der Fasnet hat der Narr ursprünglich die Aufgabe, durch seine Freude am Leben den Tod vergessen zu lassen. Das traf auch auf Jana zu. Sie verkörperte pure Lebensfreude.

Sicherlich dachte sie an diesem 8. März 2009 an alles, nur nicht an den Tod. Wahrscheinlich dachte sie daran, dass sie mit ihren Mädels einen vorderen Rang beim Tanzwettbewerb belegen wollte. Fünfzehn Gardetanzgruppen traten an, und tatsächlich belegte ihre Truppe am Ende einen tollen dritten Platz. Jana dachte auch an meinen alten Mercedes, mit dem sie sich gerne spazieren fahren ließ. Sie liebte dieses Auto und fragte mich, ob ich sie nach der Veranstaltung damit abholen würde.

„Den Mercedes darfst du nie verkaufen, Papa", sagte sie. „Ich mag das Auto viel zu sehr."

An was mag sie noch gedacht haben? Vielleicht an die Musik, zu der sie tanzen würde. Sie stammte von Falco, dem österreichischen Superstar, der 1998 ebenfalls einen frühen Tod gestorben war. Das Stück hieß „Der Kommissar", und die Gardemädchen traten als Polizisten und Verbrecher auf. Sie hatten falsche Waffen dabei. Wie seltsam es sich anfühlt, wenn ich das heute aufschreibe. Entreißt einem der Tod jäh ein geliebtes Kind, stellt man sich ständig die Frage: Hätte ich das nicht im Vorhinein spüren müssen? Gab es nicht Zeichen, die ich hätte deuten können? Wäre das Unglück zu verhindern gewesen?

Für meine Frau Ulrike und mich war der Tag, an dem Jana ihren Wettbewerb hatte, ein Tag wie viele andere. Ulrike brachte Jana zum Bus, der von der Rundsporthalle Waiblingen starten sollte. Ich musste einen Termin auf dem Landratsamt wahrnehmen. Kurz zuvor hatte ich einen Katalysator in Janas Lieblingsauto einbauen lassen, nun wollte ich mir die Umweltplakette besorgen. Wie gesagt: Ein ganz gewöhnlicher Tag.

Zu dieser Zeit arbeitete ich als Selbstständiger in der Immobilienbranche. Ich hatte viel mit Baufinanzierungen zu tun, half Menschen, sich ein Eigenheim zu erwerben, oder verwaltete ihre Mietobjekte. Die Hälfte meiner Arbeitszeit verbrachte ich in Leipzig. Dort hatte ich eine kleine Zweitwohnung. Am Tag nach Janas Tanzveranstaltung würde ich mich wieder dorthin aufmachen. Winnenden–Leipzig, das bedeutete sechs Stunden Fahrzeit, falls der Verkehr auf den Autobahnen mitspielte.

Am Abend holte ich Jana wie versprochen mit dem Mercedes ab. Wie ein Wasserfall sprudelte es aus ihr heraus: Ganz großartig war die Tanzveranstaltung gewesen, die Mädels in Hochform, die Kostüme super, sie hatten eine Menge Spaß gehabt. Als wir zu Hause eintrafen, gähnte sie bereits.

„Ich glaube, ich schlafe jetzt erst mal zehn Stunden am Stück", lachte sie. „Ich gehe gleich ins Bett."

Ich gab ihr einen Gutenachtkuss, ohne zu wissen, dass ich sie nie wieder in die Arme schließen würde. Ohne zu wissen, dass sie bald tot sein würde.

„Du schaffst es, Jana!
Du kommst durch!"

Am nächsten Morgen war ich schon früh auf den Beinen. Bei einer Autovermietung besorgte ich einen Smart, und noch bevor Ulrike, Jana und ihre Schwester Annabell aufgestanden waren, bog ich bereits auf die A 81 ein. Ich hatte Glück, kam glatt durch alle Nadelöhre hindurch und erreichte Leipzig kurz vor Mittag. Die Stadt hat mir schon immer sehr gefallen; ich mag die prächtigen Häuser wie etwa Barthels Hof oder Speck's Hof, die der Innenstadt dieses charakteristische Bild einer Kaufmannsstadt verleihen. Und ich schätze die herzliche Freundlichkeit der Leipziger.

Gleich nach der Ankunft kümmerte ich mich um einen neuen Wagen, den ich kaufen wollte. Der alte Mercedes war eher ein Liebhaberstück, kein Familienauto, überhaupt nicht geeignet für längere Urlaubsfahrten oder Wochenendausflüge. Zwei Erwachsene, zwei Kinder und ein Hund brauchen ihren Platz, und so sah ich mir bei einem Händler im Stadtteil Wurzen einen Zweitwagen für uns, einen Renault, an. Wir wurden uns rasch handelseinig, und ich nahm mit dem neuen Wagen meinen nächsten Kundentermin wahr. Ein Haus kaufen oder verkaufen – das machen die meisten Menschen nur einmal im Leben. Deshalb braucht es seine Zeit und meist auch viele Gespräche. Eines davon stand nun an. Meine Kundin Sylvia Schuster wollte ihr Haus verkaufen und hatte einige Detailfragen. Da ich für sie die Baufinanzierung abgewickelt hatte, war ich mit ihrer Situation bereits vertraut. Wir waren inzwischen ganz gut miteinander bekannt. Nachdem das Geschäftliche vom Tisch war, tauschten wir uns über unsere Familien aus. Sylvia Schuster war Schneidermeisterin und fertigte Kostüme für die Kölner Karnevalsvereine an.

„Ist Ihre Tochter nicht auch in der Fasnet aktiv?“, wollte sie wissen.

Ich erzählte von Janas letztem Tanzauftritt. Das Publikum war von den Kostümen der Garde begeistert gewesen. Das hörte Sylvia Schuster gerne.

„Deshalb liebe ich meinen Beruf. Die ausgefallenen Ideen, die fantasievollen Kostüme. Obwohl es harte Arbeit ist, all die Pailletten auf die Kleider zu nähen.“

Wir sprachen noch eine Zeit lang über die abgelaufene Karnevalssaison am Rhein, dann verabschiedete ich mich. Ich ahnte nicht, dass wir uns schon am nächsten Tag wieder hören sollten. Dann würde sie nicht über Baufinanzierungen sprechen und auch nicht über den Karneval. Sondern über eine Sache, die so schrecklich ist, dass die meisten Menschen sie verdrängen: Ein Amoklauf an einer Schule. Der Amoklauf an Janas Schule.

Manche Menschen, heißt es, besitzen die Gabe der Vorsehung. Ob das ein Segen oder ein Fluch ist, ist schwer zu sagen. Vermutlich Letzteres, denn was bleibt uns übrig, als das Geschehene zu akzeptieren? Trotzdem bedaure ich heute noch, dass ich am Mittwoch, den 11. März 2009 um 9:33 Uhr, nicht spürte, was sich gerade in Winnenden ereignete, das bis dahin eine friedliche kleine Stadt gewesen war. Um diese Zeit saß ich in meinem neuen Auto und fuhr zurück zum Händler. Der Grund ist eine ganz eigene Ironie des Schicksals: Das Autoradio funktionierte nicht.

Es benötigte einen Code, den der Händler mir nicht gegeben hatte. Die Folge war, dass ich nicht Radio hören konnte. So bekam ich nicht mit, wie überall in Deutschland Sendungen unterbrochen wurden für eine dramatische Sondermeldung: Ein Amoklauf an einer Schule in Süddeutschland. Eine Schießerei. Verletzte. Tote. Genaueres war noch nicht bekannt. Vom Informationschaos, das in diesen Minuten ausbrach, erfuhr ich erst später.

Dafür klingelte mein Telefon. Sylvia Schuster war dran, meine Kundin. Einen kurzen Moment lang dachte ich, dass ihr vielleicht noch eine amüsante Karnevalsanekdote eingefallen war oder ein Tipp für Janas neues Kleid. Doch ihre Stimme klang angespannt.

„Winnenden", sagte sie, „da ist etwas passiert."

In Winnenden passiert nie etwas. Nein, ganz so kann man das nicht sagen: Die Stadt liegt zwar im Windschatten von Stuttgart, ist aber mit ihren fast 28 000 Einwohnern ein lebendiger Ort mit viel Charme und hohem Freizeitwert. Außerdem ist Winnenden Schulzentrum mit gleich zwei Gymnasien und zwei Realschulen. Das Einzugsgebiet ist enorm: Gleich hinter der Stadt beginnt der Schwäbische Wald, ein ländliches Gebiet von beträchtlicher Größe. Kinder, die dort aufwachsen, gehen in Winnenden zur Schule: auf das Lessing-Gymnasium oder das Georg-Büchner-Gymnasium. Auf die Albertville-Realschule oder die Geschwister-Scholl-Realschule. Auf die Haselstein-Förderschule oder die Robert-Boehringer-Werkrealschule. Die vielen Kinder und Jugendlichen prägen das Ortsbild von Winnenden und geben der Stadt ein frisches, jugendliches Gesicht. „In Winnenden passiert nie etwas" hieß bis zum 11. März 2009 so viel wie: In Winnenden passiert nie etwas Böses. Es schien einer der Orte zu sein, an denen die Welt noch in Ordnung ist. Heute wissen wir, dass es solche Orte nicht gibt. Dass selbst eine idyllische Stadt wie Winnenden sich von einer Sekunde auf die andere in eine Hölle verwandeln kann. Dass das überall wieder passieren kann, zu jeder Zeit an jedem Ort in Deutschland.

„Winnenden", wiederholte Sylvia Schuster. Ihre Stimme zitterte jetzt, „da ist ein Amoklauf."

Amoklauf. Dieses Wort hat sich in mein Gehirn eingebrannt wie ein dunkler Fleck. Er lässt sich nie mehr entfernen, von diesem Augenblick an bis in alle Ewigkeit. Dieser Fleck ist dazu da, mich immer wieder daran zu erinnern, dass an jenem 11. März unschuldige Menschen sterben mussten. Er ruft mir schmerzhaft ins Gedächtnis, dass ein Amoklauf jederzeit wieder passieren kann. Dass wir das, was geschehen ist, hätten verhindern können. Dass so etwas sich nie wieder ereignen darf.

Sylvia Schuster schwieg. Ich bog inzwischen auf das Gelände des Händlers ein.

„Was für ein Amoklauf?", fragte ich.

Meine Gedanken rasten. Es ist geradezu unheimlich, wie viel einem Menschen im Bruchteil einer Sekunde durch den Kopf gehen kann. Zuerst der Unglaube: Das kann nicht sein, doch nicht bei uns, nicht in Winnenden! Dann die Angst: Aber meinen Töchtern geht es gut? Dann die Panik: Ich muss mehr wissen, ich brauche Informationen! Sylvia konnte mir da nicht weiterhelfen. Sie wusste auch nicht mehr. Wir beendeten das Gespräch. Und ausgerechnet jetzt funktionierte das Radio nicht!

Wieder klingelte mein Handy. Es war Ulrike, meine Frau. Ihre Stimme war fest, obwohl sie Schreckliches zu berichten hatte.

„Jana wurde angeschossen", sagte sie. „Und drei ihrer Freundinnen, die neben ihr in der Bank saßen."

Ich weiß nicht mehr, wie unser Gespräch weiterverlief. Fragte ich nach dem Wer, nach dem Warum? Ulrike erinnert sich auch nicht mehr. Vermutlich sagte sie: „Ich fahre sofort zur Schule." Vermutlich sagte ich: „Ich fahre sofort nach Hause." Sicher kann ich mir nicht sein. Ich weiß nur noch, dass ich kurz darauf in meiner kleinen Wohnung stand. Ich weiß, dass ich sorgfältig die Fenster schloss. Den Müll trug ich nicht hinaus, er war noch da, als ich ein halbes Jahr später wiederkam.

Dann war ich auf der Autobahn. Ich forderte dem Renault alles ab, was er unter der Motorhaube hatte. Ich brach sämtliche Verkehrsregeln. Ich schrie: „Halt durch, Jana, halt durch! Ich komme! Ich bin unterwegs!"

Ich klammerte mich an den Gedanken, dass Jana durchtrainiert war. Dass sie nie krank war. Dass sie stark war.

Ich schrie: „Du schaffst es, Jana! Du kommst durch!", und trat das Gaspedal bis ans Bodenblech.

Es war die längste Fahrt meines Lebens, obwohl ich die Strecke noch nie so schnell zurückgelegt hatte. Als ich Winnenden erreichte, war dort das Chaos ausgebrochen.

Eltern müssen draußen bleiben

Wir leben in einer Zeit, die von Filmen geprägt ist. Passiert in einem Film ein Unglück, kommt irgendwann der Held der Geschichte und bringt Ordnung in die Unordnung. Im wirklichen Leben sieht das anders aus. Wir sind es nicht gewohnt, mit Situationen umzugehen, die wir nie zuvor erlebt haben. Auch die Polizei, die Feuerwehr, das Technische Hilfswerk (THW), die Sanitäter, Seelsorger und Psychologen können die Folgen eines Amoklaufs nicht üben. Niemand wusste, wie mit solch einer Situation umzugehen war. An diesem 11. März 2009 in Winnenden verhielten sich manche Menschen wie Helden. Andere versagten. Keinem ist ein Vorwurf zu machen. Denn alle begannen den Tag wie ich – den Kopf voller Pläne für den Alltag. Mit Ausnahme des Täters hatte niemand sich an diesem Morgen Gedanken über ein Massaker gemacht.

Während ich über die Autobahn raste, telefonierte ich unentwegt. Ulrike wusste nicht, wohin man die verletzten Kinder gebracht hatte. Keiner schien es zu wissen. Es gibt Dutzende Krankenhäuser rund um Winnenden und noch mehr in Stuttgart. Ich rief eine Bekannte im Krankenhaus Waiblingen an, unserer Nachbargemeinde, dann einen Kollegen aus dem Sportverein, der bei der Polizei arbeitete. Sie versprachen nachzuforschen und schnellstens zurückzurufen. Bald stellte sich heraus: Niemand will etwas sagen.

Stattdessen gab es unzählige Gerüchte. Furchtbare Gerüchte. Einige Kinder seien tot. Der Täter auf der Flucht. Nein, nicht auf der Flucht, noch in der Schule. Nein, nicht in der Schule, unterwegs im Auto. Nein, nicht in einem Auto, zu Fuß. Er habe Geiseln genommen. Es sei zu einem Feuergefecht mit der Polizei gekommen.

Es gibt kaum etwas Schlimmeres, als ohne verlässliche Informationen zu sein. Um 15:15 Uhr kam ich in Winnenden an. Ich fuhr Richtung Hermann-Schwab-Halle, die nur 150 Meter von der Albertville-Realschule entfernt ist. Die Stadt sah aus wie ein Kriegsschauplatz. Ein Jahr später, bei der ersten Gedenkfeier, sollte Ralf Michelfelder, der Leiter der Waiblinger Polizeidirektion, in einer Pressemitteilung sagen: „Wir wollen keine optische Wiederholung des 11. März 2009." Das Bild, das sich mir bot, war schockierend: Überall wimmelte es von schwer bewaffneten Beamten. Auf der Fahrt hatte ich immer wieder versucht, mir einzureden, dass es vielleicht doch nicht so schlimm sei. Jetzt bestätigten sich meine schlimmsten Befürchtungen: In Winnenden war der Super-GAU passiert, der schlimmste anzunehmende Unfall. Trotzdem klammerte ich mich an einen Gedanken: Jana war stark, Jana würde überleben! Mittlerweile redete man von einem Dutzend Toten, und in den Gerüchten stieg die Zahl der Opfer von Stunde zu Stunde. Ein schwer verletztes Kind werde gerade im Helikopter ins Stuttgarter Katharinenhospital ausgeflogen, hieß es. War es Jana? Ich rief in Stuttgart an. Wir wissen von nichts, sagte man dort, tut uns leid. Nochmals klapperte ich alle Krankenhäuser telefonisch ab: Winnenden, Waiblingen, Backnang, Schorndorf. Überall dasselbe Resultat: Nichts, nichts, nichts!

Vielleicht wissen die anderen Schüler etwas? Einige von ihnen sollen im Hallenbad ausharren, hieß es. Denn es drohe Gefahr. Der Täter sei noch immer auf der Flucht;

nein, er ist gefasst; ist er nicht; doch, ist er. Jemand schreit, der Täter schieße auf ein Ladengeschäft. Er tötet schon wieder! Er knallt alles ab, was sich bewegt! Vielleicht kommt er zurück! Panik bricht aus.

Soll ich im Hallenbad nach Jana suchen? Oder in anderen Schulen? Einige Kinder wurden dorthin evakuiert. Eine neue Meldung: Ein vermisstes Kind wurde gefunden, die Eltern schließen es überglücklich in die Arme. Andere Eltern, die weiter bangen und vor Angst schon fast wahnsinnig sind, freuen sich mit.

Ich machte mich auf zur Albertville-Realschule. Keiner darf sie betreten. Mit „keiner" sind allerdings nur die Eltern gemeint. Der baden-württembergische Innenminister, der Bürgermeister und andere Politiker, auf die schon Fernsehkameras warten, gehören nicht zu „keiner". Sie dürfen rein. Sie haben auch keine Kinder verloren. Eltern aber müssen draußen bleiben. Die Polizei sperrt uns aus.

Wieder rief ich Ulrike an: „Wo bist du?"

„In der Hermann-Schwab-Halle."

Dort richteten Einsatzkräfte und Sanitäter ein Lagezentrum ein. Ich kam nicht durch, ließ irgendwann das Auto auf der Straße stehen. Noch mehr Polizei vor der Halle. Ein Polizist hielt mich zurück: „Sie dürfen nicht rein!"

Ich versuchte zu erklären, dass meine Tochter verletzt sei und meine Frau drinnen auf mich warte. Er glaubte mir nicht. Alle waren total verunsichert. Irgendwo da draußen war noch immer ein bewaffneter Mensch unterwegs, ohne Skrupel und entschlossen zu töten. Alles, was wir bis dahin als Lebensordnung gekannt hatten, brach in wenigen Augenblicken in sich zusammen.

Ich erklärte es dem Mann nochmals. Meine Tochter. Verletzt. Meine Frau. Da drin. Endlich ließ er mich durch. Ich rannte auf die Halle zu, betrat sie, schrak zurück: Was war das? Weshalb die Stellwände? Die Halle sah aus wie eine Seuchenstation. Ich wusste nicht, dass sich hinter den Stellwänden psychologische Betreuer fieberhaft um Angehörige bemühten.

„Hardy!"

Der Schrei gellte durch die Halle. Ich erkannte die Stimme, natürlich erkannte ich die Stimme, sie gehörte Ulrike. Ich sah mich um. Sie lief auf mich zu. Auf einmal war ich umringt von Polizisten. Zwei Beamte fassten mich an den Armen, führten mich von ihr weg.

„Ulrike!", rief ich, dann sah ich sie nicht mehr. Immer mehr Menschen drängten sich zwischen uns.

Die Beamten führten mich hinter eine der Stellwände. Sie redeten auf mich ein. Ich verstand nicht, was sie sagten. Ich verstand nur den einen Satz: Jana ist ihren Verletzungen erlegen.

Sie lebt nicht mehr.

Sie ist tot.

Jana ist tot.

Meine Tochter wurde 15 Jahre alt. Sie musste sterben, weil ein Waffennarr seine Beretta-Pistole im Haus herumliegen ließ. Sie musste sterben, weil dort auch jede Menge Munition herumlag. Sie musste sterben, weil der Sohn des Hauses die Pistole an sich nahm und Amok lief. So einfach ist das. Und so unbegreiflich.

Der 17-jährige Amokläufer ermordete außer Jana acht weitere Schüler, drei Lehrer, drei Passanten. Dann erschoss er sich selbst.

Das alles wusste ich noch nicht, als die Polizisten mich hinter die Stellwand zerrten. Keiner wusste es zu diesem Zeitpunkt.

In diesem Augenblick wusste ich nur: Jana ist tot. Sie ist tot. Sie hat es nicht geschafft.

Meine Frau durfte es mir nicht sagen. Sie wusste es schon seit einer Viertelstunde, und die Polizisten waren besorgt: „Wie wird ihr Mann reagieren?" Inmitten des Chaos entschied die Polizei, dass es ihre Sache war, dem Vater die traurige Mitteilung zu machen.

Kurz nach dem Amoklauf begann sich die Sportschützenlobby zu formieren. Sie wusste, was auf sie zukommen würde: die Forderung, das Waffengesetz zu verschärfen. Sie war geübt darin, solche Angriffe abzuwehren. Das Beste war, selbst in die Offensive zu gehen. Einer der rührigsten Waffenlobbyisten, der FDP-Bundestagsabgeordnete Hartfrid Wolff, sagte im Deutschen Bundestag: „Nicht zuerst die Waffe ist das Problem, sondern der Mensch, der sie einsetzt." Ins selbe Horn stieß FDP-Mann Serkan Tören. Auf diese Aussage hatte sich die Waffenlobby verständigt. Die Waffe ist nicht das Problem. Mit anderen Worten: Wir können nichts dafür.

Doch dieses Mal konnten sich die Lobbyisten nicht so einfach aus der Sache herausstehlen. Schon bald nach dem Massaker erfuhren die Menschen in Deutschland, dass zwei Millionen Schützen mehr als sieben Millionen einsatzfähiger Schusswaffen gehortet hatten. Bis dahin waren wir alle der Meinung gewesen, dass die US-Amerikaner Weltmeister im Waffensammeln sind und hier in Europa allenfalls noch die Schweizer. Nun lernte eine fassungslose Mehrheit, dass mitten unter uns bis an die Zähne bewaffnete Menschen leben. Und dass viele von ihnen ihre Waffen und Munition äußerst fahrlässig aufbewahren.

Den Vertretern der Waffenlobby war das gleichgültig. Dafür wurden sie auch nicht bezahlt. Sie wurden für ihre Propaganda bezahlt. Unermüdlich wiederholten sie ihre immer gleiche Botschaft: Es ist der Mensch, nie die Waffe. Wir können nichts dafür. Deshalb braucht an den bestehenden Gesetzen nichts geändert zu werden. Wir wollen schießen und wir werden schießen, und wenn euch das nicht passt, dann …

Anfänglich blieben diese Drohungen noch vage. Heute sind sie das schon lange nicht mehr. Wer sich mit der Waffenlobby anlegt, bekommt täglich E-Mails: „Lass diesen Unsinn, Schober, oder irgendeiner wird sich an dir rächen."

„In anderen Ländern hätte man dich längst exekutiert, in Deutschland geht das leider etwas länger."

Wird nicht gedroht, verlegt man sich aufs Jammern. Als wären nicht die Eltern der toten Kinder die Leidtragenden, sondern die Waffenbesitzer. „An den blutigen Amoklauf von Winnenden hat sich nahtlos ein weiterer Amoklauf angeschlossen: Der Amoklauf gegen die Besitzer legaler Waffen", beklagte sich Georg Zakrajsek, Generalsekretär der Interessengemeinschaft liberales Waffenrecht in Österreich. Ich stand diesen unnachgiebig vertretenen Ansichten ebenso entsetzt gegenüber wie Millionen anderer Deutscher, die ihren Lebensinhalt nicht beim Schießen finden. Wie kann man so kalt und herzlos argumentieren?, fragten wir uns. Keiner von diesen Menschen hat sein Kind verloren. Mein Kind aber ist tot. Jana ist tot. Wenn dieser sinnlose Tod einen Sinn machen soll, dann nur, indem wir verhindern, dass ein ähnliches Massaker noch einmal passiert.

Natürlich kam dieser Gedanke erst später. Erst einmal stand ich da, umringt von Polizisten. Sie hatten gesagt, was sie zu sagen hatten, jetzt wussten sie auch nicht weiter.

Ich habe keine Ahnung mehr, was ich in diesem Augenblick dachte, ganz sicher aber nicht, dass ich schon bald mit einem Aktionsbündnis an die Öffentlichkeit treten würde, um den Waffenwahnsinn zu stoppen. Doch dies war der auslösende Moment – die unheimliche Atmosphäre in der

Hermann-Schwab-Halle in Winnenden, inmitten weinender und schluchzender Eltern, umgeben von Polizisten, Sanitätern und Seelsorgern, die an diesem Tag ihr Bestes gaben und doch so wenig tun konnten. Und alles das, weil am Morgen ein 17-jähriger Junge mit der Waffe seines Vaters aufgebrochen war, um ein Massaker zu verüben.

Unsere Hoffnung
überlebte am längsten

Ein Klassenzimmer. Hinten die Tür, vorne die Tafel mit dem Lehrer oder der Lehrerin, dazwischen Bänke mit Schülerinnen und Schülern. Eine Szene, die sich in Deutschland und vielen anderen Ländern jeden Tag unzählige Male abspielt. Egal, welcher Schultyp oder welche Klassenstufe – so sieht Schule aus, seit jeher. Die Institution Schule ist im Wandel, heißt es oft, aber manches bleibt gleich. Bestimmte Dinge sollen sich auch nicht wandeln: Dass unsere Kinder morgens zur Schule gehen und danach heil und gesund nach Hause kommen, ist ein ungeschriebenes Gesetz. Darauf verlassen sich in Deutschland alle Eltern. Sie verlassen sich so fest darauf, dass sie sich gar nicht vorstellen können, es könnte anders sein.

Auch Ulrike und ich und die anderen betroffenen Eltern des Amoklaufs von Winnenden haben sich darüber nie groß den Kopf zerbrochen. Im Sportunterricht kann es Unfälle geben, das weiß man. Auf dem Pausenhof kann ein Streit ausbrechen. Es gibt Schulen in sozialen Brennpunkten, in denen die Welt nicht so friedlich ist wie in Winnenden. Auch davon haben wir gehört. Doch selbst dort wachen Eltern nicht mit dem Gedanken auf, dass man ihren Kindern während der Schulstunden in den Kopf schießen wird. Dass ihre Tochter die sterbende Banknachbarin im Arm hält, während der Täter schon auf sie zielt. Würden Eltern so etwas ernsthaft befürchten, schickten sie ihre Kinder nicht mehr zur Schule. Das gilt auch für Eltern, die selbst Waffen zu Hause haben. Anderenfalls bräche das Bildungssystem in sich zusammen. Keine Schulausbildung. Keinen Beruf. Deutschland schafft sich ab, und dieses Mal wirklich.

Doch wir schicken unsere Kinder zur Schule. Trotz der Amokläufe von Erfurt, Emsdetten und Winnenden, trotz ernst zu nehmender Drohungen von Nachahmern und mit dem Wissen, dass jeden Tag etwas Ähnliches passieren kann. Auch Ulrike und ich schicken unsere Tochter Annabell in die Schule. Die Psychologen nennen es Verdrängung. Die Soziologen sprechen von Fatalismus. Wir Eltern sagen: Was bleibt uns anderes übrig?

Helfen kann nur eines: die Gewissheit, dass unsere Kinder in der Schule tatsächlich sicher sind. Brauchen wir dazu Wachtposten vor den Schulen? Oder Metalldetektoren wie am Flughafen? Abgeschlossene Türen oder Klinken, die sich von außen nicht bewegen lassen? Oder ist es an der Zeit, das Übel an der Wurzel zu packen und dafür zu sorgen, dass in Privathaushalten keine großkalibrigen Kurzwaffen herumliegen?

Denn nur deshalb geschah, was geschehen ist: Ein Klassenzimmer. Hinten die Tür, vorne die Tafel, dazwischen Bänke mit unseren Kindern. Jana sitzt in der letzten Reihe, neben ihren Freundinnen Chantal, Krissi und Elena, genannt Eli. Plötzlich geht die Tür auf. Tim Kretschmer tritt herein. Er schießt in die Decke. Dann schießt er auf die Mädchen. Chantal und Krissi werden getroffen. Sie sind auf der Stelle tot. Elena erleidet Durchschüsse im Arm. Einen weiteren an der Schulter. Einen Streifschuss am Hals. Der Schuss in die Schulter wirft sie vom Stuhl. Deshalb trifft Tim Kretschmer sie nicht in den Kopf. Jana sieht zu Eli hinüber. Das weiß man, weil alle Schusswinkel penibel nachgemessen wurden. Die letzte Kugel im Magazin trifft meine Tochter in den Kopf. Es ist ein Durchschuss – hinten rechts tritt das Projektil ein, vorne links tritt es heraus. Es verletzt auf seiner weiteren Bahn noch andere Schüler.

Jana wird zu Boden geschleudert. Sie blutet stark. Eli schafft es trotz schwerster Verletzungen, mit dem Handy ihre Mutter anzurufen. Ihre Mutter ruft Elis Oma an, die bei uns im Haus wohnt. Diese läuft die Treppe hoch, alarmiert meine Frau. „Fahr schnell zur Schule", sagt sie. „Da ist was passiert."

Tim Kretschmers erste Attacke in Janas Klassenzimmer hat nur kurz gedauert. Als er den Raum verlässt, reagiert Janas Lehrerin Marie-Luise Braun. Sie läuft hinter ihm her und verriegelt die Tür von innen. Gerade will der Mörder erneut herein. Er hat nachgeladen und möchte zu Ende bringen, was er begonnen hat. Er will weiter töten. Doch der Zugang ist versperrt. Tim Kretschmer hebt die Beretta seines Vaters und feuert durch die Tür. Er trifft Marie-Luise Braun. Er feuert noch einmal. Und noch einmal. Dann läuft er weiter.

In den Räumen der Schulleitung muss Astrid Hahn die Schüsse gehört haben. Was tut eine Schulleiterin in solch einem Augenblick? Auch Astrid Hahn wachte am 11. März 2009 nicht mit dem Gedanken an ein Massaker in ihrer Schule auf. Auch sie ist nicht vorbereitet.

Von Astrid Hahn ist nicht bekannt, dass sie persönlich nachgesehen hat, was los ist. Allerdings wurden zwei Referendarinnen von Tim Kretschmer erschossen. Nie geklärt wurde, wer ihnen den Auftrag erteilt hatte, nach dem Rechten zu sehen. Ihre Verletzungen werden später von Gerichtsmediziner Dr. Heinz-Dieter Wehner folgender-

maßen dokumentiert: „Schwere Zerstörungen im Bauch-
bereich. Zerfetzung des Lebergewebes. Trümmerfrakturen
des Brustwirbelkörpers. Verletzungen, die mit dem Leben
nicht vereinbar sind." Verletzungen, die mit dem Leben
nicht vereinbar sind.
An diesem Tag werden Menschen zu Helden. Andere
Menschen mutmaßlich nicht. Trotzdem werden Letztere
später von der Politik ausgezeichnet. Astrid Hahn erhält
das Bundesverdienstkreuz. Marie-Luise Braun wird nicht
einmal erwähnt. Auch nach dem Amoklauf von Winnenden bleibt der Mensch, was er ist: unberechenbar.

Nachdem Ulrike von Elenas Oma alarmiert worden war,
fuhr sie sofort zur Schule. Dort kursierten bereits die
wildesten Gerüchte: Verletzte, Tote, der Täter noch im
Haus, nein, unterwegs … von Jana erfuhr Ulrike nichts. Sie
erfuhr nicht, dass Jana noch lebte. Tatsächlich hat sie von
allen Todesopfern noch am längsten gelebt. Jana starb um
11:33 Uhr, auf die Minute genau zwei Stunden nachdem
der Mörder das Feuer eröffnet hatte. Eine halbe Stunde
später, um 12 Uhr, ließ man Ulrike wissen, dass Jana verletzt sei. Die Hoffnung, unsere Tochter könnte überlebt
haben, hielt länger als die Wirklichkeit.

Der Schrei

Nachdem die Polizisten mir in der Hermann-Schwab-Halle vom Tod meiner Tochter berichtet hatten, wollte ich niemanden sehen. Ich wollte keinen Trost, ich wollte kein „Du Armer", ich wollte nur weg. Ich verließ die Halle, lief ziellos umher. Mir war nicht klar, ob das, was ich erlebte, wirklich war oder nur ein Albtraum. Ich wusste, mein Leben würde nie mehr sein wie zuvor, und schob den Gedanken sofort wieder weg. Dann kam ein neuer Gedanke: Das, was gerade passiert, wünsche ich niemandem, nicht einmal meinem ärgsten Feind.

Während ich dies aufschreibe, frage ich mich, ob dieser Gedanke irgendeine Art von Vorsehung war. Vor dem 11. März 2009 hatte ich keine Feinde. Inzwischen ist das ganz anders. Und selbst wenn mir heute ein „aufmerksamer Beobachter" schreibt: „Herr Schober, ich wünsche Ihnen von Herzen, dass Sie eines Tages durchsiebt aufgefunden werden", denke ich: Nein! Solch eine schreckliche Erfahrung soll niemand durchmachen müssen. Auch kein Waffennarr und kein Waffenlobbyist. Auch nicht der „aufmerksame Beobachter".

An jenem 11. März war mir noch nicht klar, wie oft ich diesen Gedanken würde denken müssen. Wie oft mir andere Menschen den Tod wünschen oder mir den Tod meiner eigenen Tochter anlasten würden. Wie oft ich hasserfüllte E-Mails, Briefe und Anrufe erhalten sollte, nur weil ich öffentlich sage: Faustfeuerwaffen haben in Privathaushalten nichts zu suchen. Weil ich sage: Privatpersonen dürfen keine großkalibrigen Kurzwaffen besitzen.

Wer immer mir mit Hass begegnet, weil ihm die Wahrheit nicht gefällt, wird sich am Ende der Verantwortung nicht entziehen können. Die Waffenlobby kommt um ihre Verantwortung nicht herum. Das war, was mir durch den Kopf ging, die erste Viertelstunde nach der Nachricht von Janas Tod: Wir Erwachsenen haben Verantwortung gegenüber den Kindern. Wenn sie Fahrrad fahren, setzen wir ihnen einen Helm auf. Wenn sie Ski fahren, tun wir das auch. Gehen sie abends aus, holen wir sie ab. Wir tun alles, was wir können, damit sie sicher durchs Leben kommen. Doch Helmaufziehen genügt nicht mehr. Abholen nach der Disco auch nicht. Der Tod lauert jetzt an anderen Orten. Der Mörder kommt direkt in die Schule. Und das nicht in einer großen Stadt, sondern in der beschaulichen Idylle einer Kleinstadt im „Musterländle" Baden-Württemberg, wo doch die Welt eigentlich noch in Ordnung ist. Idylle ist auch nur ein anderes Wort für Lüge. Wie viele andere Menschen bin auch ich erst nach dem Massaker aufgewacht. Seither lassen wir uns nicht mehr mit den üblichen Beschwichtigungsformeln besänftigen. Seither pochen wir auf Veränderung.

Ich blieb eine Viertelstunde für mich allein, erst dann konnte ich andere Menschen zu mir lassen. Später stellte sich heraus, dass ich sogar Ulrike zurückgewiesen hatte. Daran habe ich keine Erinnerung. Ulrike, ohnehin eine starke Persönlichkeit, war zu diesem Zeitpunkt gefestigter als ich.

Obwohl ich nicht rauche, verspürte ich den Wunsch nach einer Zigarette. Eine Notfallseelsorgerin besorgte mir eine. Sie hieß Annette Kautz und war Ulrike und mir zugeteilt. Wie viele andere Menschen aus diesen ersten schweren

Stunden wurde auch sie eine enge Freundin der Familie und später Mitglied im Förderverein. Keiner, der an diesem Tag dabei war, konnte sein Leben einfach so weiterleben. Alle sind erfüllt von der Überzeugung, dass sich etwas ändern muss. Selbst unseren hartnäckigsten Gegnern würde es nicht anders ergehen. Wären sie dabei gewesen, könnten wir sie heute im Aktionsbündnis begrüßen, dessen bin ich mir ganz sicher. Doch sie hatten Glück, sie mussten nicht dabei sein, das Massaker und seine Folgen nicht am eigenen Leib erfahren. Daher ist es unsere Aufgabe, sie mit Worten zu überzeugen, was schwer genug ist, doch nicht aussichtslos.

Auch mir halfen damals Worte. Annette Kautz stellte mir einfache Fragen, zum Beispiel, wie die Fahrt von Leipzig nach Winnenden gewesen sei. Es tat gut, über etwas anderes als den Amoklauf zu sprechen, sich dem Unbegreiflichen nur ganz langsam anzunähern. Nach und nach erfuhr ich, dass Jana ins Krankenhaus nach Ludwigsburg gebracht worden war – das einzige Krankenhaus, das ich bei meiner hektischen Telefonaktion ausgelassen hatte. Dort war sie gestorben.

„Ich will sie sehen", sagte ich.

Ein Polizist, der in der Nähe stand, antwortete: „Das ist unmöglich."

Wieder diese Botschaft: Eltern müssen draußen bleiben. Für mich aber war klar: Egal, wie viele Uniformierte und sonstige Autoritäten derselben Meinung waren – ich würde mich darüber hinwegsetzen. Ich würde meine Tochter noch einmal sehen. Ich würde Jana besuchen.

Um uns herum summte es wie in einem Bienenstock. Eine frühere Lehrerin von Jana stieß dazu. Sie hatte nähere Informationen, was passiert war. Durch sie erfuhren wir, dass der Mörder nicht nur Janas neunte Klasse, sondern auch die zehnte Klasse heimgesucht hatte. Allmählich fiel ich in eine Art Trance. Es geschah so vieles gleichzeitig, dass ich es nicht mehr aufnehmen konnte. Ich sah in die Gesichter anderer Eltern. Mitleid wallte auf, obwohl ich selbst untröstlich war.

Auf einmal hielt ich Ulrike in den Armen, und dann hatten wir beide denselben Gedanken: Annabell! Wir müssen uns um unsere zweite Tochter kümmern!

Der Schrei gellte durchs Haus. Er war so laut, dass ihn mein Nachbar Tobias Sellmaier hörte. Er war so intensiv, dass er durch alle Wände drang. Er war so eindringlich, dass Tobias mir später half, das Aktionsbündnis zu gründen. Ohne ihn wäre die ganze Arbeit kaum zu erledigen gewesen. Als wir den Förderverein gründeten, wurde er zum Ersten Vorsitzenden gewählt. Seine Familie gab mir immer wieder die Kraft weiterzumachen. Heute ist Tobias einer meiner besten Freunde.

„Dieser Schrei", sagt er, „geht mir nicht mehr aus dem Kopf. Ich habe selbst vier Kinder. Es kann nicht sein, dass wir täglich um ihr Leben fürchten müssen, weil ein paar Leute schießen wollen."

Der Schrei kam von Annabell. Ulrike und ich waren bei ihr. Meine Eltern waren auch gekommen, und meine Schwiegereltern, meine Schwester, mein Schwager, Janas Patenonkel und ihre Patentante. Sie alle wussten – und wussten doch nichts. Sie alle hatten Radio gehört, vor dem Fernseher gesessen, telefoniert und Gerüchte vernommen. Ein Amokläufer an Janas Schule. Tote Schüler. Tote Lehrer. Massenhaft Verletzte. Dann soll der Täter geflohen sein, soll unterwegs wieder getötet haben, einen Autofahrer gekidnappt und sich mit der Polizei ein Feuergefecht geliefert haben. Das waren die Nachrichten, die alle in helle Aufregung versetzten. Sie wussten viel, doch das Schlimmste noch nicht.

Es war 17 Uhr, als wir nach Hause gingen. Jemand bot sich an, uns zu begleiten. Wir lehnten ab. Wie erkläre ich der Oma, dass ihre Enkelin tot ist?, fragte ich mich. Wie erkläre ich Annabell, dass sie keine Schwester mehr hat?

Meine Erinnerung an die nächste Stunde ist verschwommen. Meine Mutter kam und wollte es nicht glauben. „Das stimmt nicht, das stimmt einfach nicht", sagte sie immer wieder. Mein Vater begann zu weinen. Es war das erste Mal in meinem Leben, dass ich ihn weinen sah. Er war ein Kriegskind gewesen in Stuttgart, das nach dem Zweiten Weltkrieg zu siebzig Prozent zerstört war. Er ist mit dem Tod aufgewachsen, doch jetzt weinte er. Und Annabell schrie. Auf einmal entstand in unserer Wohnung ein Vakuum. Es war, als sei auf einen Schlag alle Luft entwichen. Das war der Moment, in dem Ulrike zusammenbrach. Sie, die bis dahin so viel Stärke gezeigt hatte, konnte nicht mehr. Wir lagen uns weinend in den Armen und um uns herum wurde alles schwarz und hoffnungslos.

Im Raum der Stille

„Ich muss zu Jana!" Der Gedanke durchfuhr mich wie ein Blitz. „Sie ruft mich!"

Heute ist nicht damals. Während ich dies aufschreibe, bin ich nicht in der gleichen Verfassung wie am Abend des 11. März 2009. Trotzdem weiß ich heute so sicher, wie ich es damals fühlte: Jana rief nach mir. Ich musste zu ihr, egal wie.

„Ich fahre", sagte ich. „Kommt jemand mit?"

Meine Familie weiß, dass ich immer tue, was ich sage. Trotzdem fragten sie mich: „Willst du das wirklich?" Sie wussten, der Weg würde schrecklich sein. Sie ahnten, dass das, was ich sehen würde, unerträglich war. Kopfschuss. Verblutet. Ich verdrängte alle Gedanken daran und griff nach den Autoschlüsseln.

„Ich begleite dich", sagte mein Vater.

„Ich auch." Das war meine Schwester. Ich war beiden sehr dankbar dafür.

Ulrike blieb bei Annabell. Die brauchte ihre Mutter jetzt mehr denn je. Als ich den Motor anließ, fiel mir ein, wie ich heute Morgen ebenfalls den Wagen gestartet hatte. Da war meine größte Sorge ein nicht funktionierendes Autoradio gewesen. Wir leben jeden Tag auf Messers Schneide, ohne es zu wissen. Wahrscheinlich ist das gut so. Was wäre, wenn wir in die Zukunft blicken könnten? Wenn ich am Morgen schon gesehen hätte, was dieser Tag noch bringen würde? Das wäre nicht auszuhalten. Nur weil wir nicht wissen, was sein wird, funktionieren wir.

[35]

Und ich funktionierte. Ich steuerte den Wagen so sicher über die Straßen wie immer. Durch Winnenden hinaus auf die Bundesstraße, die nach Ludwigsburg führt. Automatisch griff ich an die Knöpfe des Autoradios. Aber nein, es ging ja nicht! Meine Dienstfahrt heute Morgen wurde doch unterbrochen. Es waren seltsame Gedanken, denen ich nachhing. Ihr Sinn war wahrscheinlich, mir nicht vorstellen zu müssen, was ich zu Gesicht bekommen würde.

Als ich auf den Parkplatz der Klinik einbog, lagen die Gebäude hell erleuchtet vor uns. Ich ging zum Empfang und sagte: „Ich bin Hardy Schober und möchte zu meiner Tochter." Die Schwester sah mich mit seltsamem Blick an. Für einen Moment herrschte Schweigen. Dann nahm ich aus den Augenwinkeln eine Bewegung wahr. Ich wandte den Kopf und sah einen Fotografen. Daneben ein anderer Mann. Er hatte eine Filmkamera dabei.

„Sind Sie ebenfalls von der Presse?", fragte die Schwester. Ihre Stimme klang angespannt.

„Ich bin der Vater!" Ich merkte, wie ich die Nerven verlor. „Meine Tochter. Sie wurde beim Amoklauf…"

Ich konnte es nicht aussprechen. Der Mann mit der Kamera trat näher. Die Schwester griff zum Telefon, und mir kam es vor, als würde alles in Zeitlupe passieren. Auf einmal berührte mich jemand am Arm. Es war Katja Lepreno, eine Seelsorgerin der Klinik.

„Wir haben die ganze Zeit schon auf Sie gewartet", sagte sie mit leiser Stimme.

„Dann darf ich zu ihr? Die Polizisten sagten, das ginge auf keinen Fall."

Katja lächelte. „Natürlich dürfen Sie."

Wir gingen hoch in die Chirurgie. Dort waren ein paar Ärzte versammelt, aber keiner von denen, die sich um Jana gekümmert hatten. Nachdem wir ein paar Worte gewechselt hatten, fragte einer: „Wollen Sie Ihre Tochter jetzt sehen?"

Ich nickte, unfähig, ein Wort herauszubringen.

„Der Hausmeister hat schon Feierabend", sagte er. „Aber ich organisiere das."

Mir war nicht klar, was mein Besuch bei Jana mit dem Hausmeister zu tun hatte, aber ich stellte keine Fragen. „Rainer wird das machen", sagte der Arzt. „Bitte kommen Sie."

Jeder von uns hat das schon in einem Krimi gesehen: Irgendwann betritt der Kommissar den Raum, in dem die Toten aufgebahrt sind. Diese Räume sind nackt, steril und kalt. In diesem Punkt stimmen Fiktion und Realität überein. Wir liefen durch ein Kellergeschoss, ein langer Gang, von trübem Licht unzureichend beleuchtet. In mir herrschte eine unbeschreibliche Furcht, die in der einen Frage gipfelte: Wie sieht Jana aus? Was werde ich sehen müssen? Mein Herz schlug so stark, als befände ich mich in einem Wettlauf. Dabei war der Wettlauf schon vorbei. Dabei hatte ich ihn bereits verloren.

Als mein Begleiter die Tür zum „Raum der Stille" öffnete, verstand ich die Sache mit dem Hausmeister: Jemand musste die Verstorbenen herbringen, und offenbar war das seine Aufgabe. Jetzt hatte Rainer Schubert sie übernommen. Rainer war bei der Feuerwehr Ludwigsburg, die an diesem Tag ebenfalls im Einsatz war. Auch sein Leben wurde durch das Massaker auf den Kopf gestellt, auch er gehört seither zu den zahlreichen Unterstützern unseres Aktionsbündnisses.

An der Tür blieb ich wie angewurzelt stehen. Der Raum war leer, bis auf einen Menschen, der auf einer Bahre lag. Meine Augen irrten umher. Kahle Wände. Ein Kreuz daran. Jetzt musst du den Schritt tun, dachte ich. Dieser

Raum ist das Reich der Toten, und der Mensch, der hier liegt, ist deine Tochter. Heute Morgen, als mich mein kaputtes Autoradio plagte, war sie noch quicklebendig gewesen. Jetzt, zwölf Stunden später, war das Radio immer noch kaputt und Janas Leben erloschen.

Ich holte tief Luft und trat ein. Langsam näherte ich mich der Gestalt auf der Bahre. Janas Gesicht war blutverschmiert. Sie trug einen Verband um den Kopf, auch der war mit Blut getränkt. Ihre Augenpartie war geschwollen und blau verfärbt. Ein Schlauch führte in ihren Mund, den man in der Hektik vergessen hatte zu entfernen. Es war ein Luftkatheter.

„Jana!" Meine Stimme klang fremd in meinen Ohren. „Jana."

Ich nahm ihre Hände. Sie waren warm. Ich spürte, dass Janas Seele noch im Körper war. Sie war noch da, weil sie auf mich gewartet hatte. Sie war noch da, damit ich mich von ihr verabschieden konnte.

Sanft streichelte ich ihre Hände.

„Jana", sagte ich. „Jetzt bist du beim Spocki im Himmel, der passt auf dich auf."

Spocki war Janas große Liebe gewesen. Spocki, der Rabatz aus dem Tierheim. Der lebenslustige Hund, der sich nichts gefallen ließ und keiner Rauferei aus dem Weg ging. Er war vor drei Jahren ums Leben gekommen. Jana ging mit ihm Gassi, als ein Hase ihren Weg kreuzte. Spocki lief hinter ihm her und geriet auf die Schnellstraße. Jetzt kam es mir vor, als sei er Jana vorausgegangen.

Lange Zeit saß ich nur da. Ich wusste: Wenn ich gehe, wird es für immer sein. Wenn wir uns das nächste Mal sehen, werden deine Hände kalt sein und deine Seele an einem Ort, wohin wir Zurückbleibenden nicht folgen können. Jetzt sind deine Hände noch warm, deine Seele ist bei mir.

Ich blieb sitzen.

Die Zeit stand still. Ich saß neben Jana, hielt ihre Hände und weiß heute nicht mehr, wie lange das dauerte. Dann, auf einmal, wollte ich weg. Das Gefühl war eindeutig: Du musst nun deinen Weg gehen und ich meinen.

Es war bitter, Jana zum letzten Mal „Lebewohl" zu sagen. Lebewohl, Jana.

Ich stand auf und verließ den Raum der Stille. Ich wollte nur noch alleine sein.

„Wir haben alles getan, um das Leben Ihrer Tochter zu retten"

Ich ging den Gang zurück, unter denselben trüben Funzeln, und plötzlich drang es aus mir heraus. Der Schrei war nicht länger zurückzuhalten. Noch nie im Leben hatte ich eine größere Notwendigkeit gespürt. Noch nie hatte ich so deutlich gespürt, dass etwas mächtiger war als ich. Meinen Schrei hörte man in der ganzen Klinik – es war mir egal. In ihm lagen meine Verzweiflung, meine Wut und meine Ohnmacht, aber auch das Wissen, dass ich etwas ändern musste. Janas Tod durfte nicht umsonst sein. Meine Tochter, die im Raum der Stille lag und deren Hände langsam kalt wurden, sollte ihr Leben nicht auf eine so sinnlose Weise verloren haben.

Immer wenn mich in den letzten Jahren die Vertreter der Waffenlobby angriffen, mich anfeindeten und diffamierten, beleidigten und erniedrigten, erinnere ich mich an diesen Schrei in den Kellergewölben der Klinik. In ihm war mein fester Wille, der mich bis heute antreibt; in ihm waren meine Stärke und die Kraft, die ich brauche, um diese schwierige Aufgabe zu lösen: für eine Welt zu kämpfen, in der Eltern keine Sorge haben müssen, dass ihre Kinder in der Schule erschossen werden. In der sie nicht fürchten müssen, dass ihre Angehörigen oder sie selbst umgebracht werden, weil irgendwo in einem Haus Waffen und Munition frei zugänglich herumliegen, die dort nichts zu suchen haben. Dieser Schrei, der mir noch heute in den Ohren gellt, wird mich so lange begleiten, bis diese Aufgabe erfüllt ist.

Es gab noch etwas, was mich an diesem Abend beschäftigte: Hatte Jana leiden müssen? Sie war als letztes der vielen Opfer verstorben, sie lag zwei Stunden in ihrem Blut – eine furchtbare Vorstellung. Noch einmal ging ich zu den Ärzten in die Chirurgie und stellte die Frage. „Nein", sagte einer von ihnen mit ernstem Gesichtsausdruck. „Sie ist an einem Kopfschuss gestorben. Sie hat keinen Schmerz verspürt. Es ist, wie wenn man auf einem Computer die Festplatte löscht." Für mich waren diese Worte ein enormer Trost. Später erfuhr ich, dass es anderen Opfern schlimmer ergangen war. Nicole Nalepa erlitt einen Bauchschuss und verblutete innerlich. Da wurde keine „Festplatte" gelöscht, ihre Schmerzen können wir nicht ermessen.

Ich vertraute dem Arzt. Ich vertraute ihm, weil ich selbst schon an der Schwelle des Todes gestanden hatte. Vielleicht ist das der Grund dafür, dass ich Janas Ruf spüren konnte. Dass ich wusste: Ihre Seele ist noch bei ihr, auch als sie still und leblos vor mir lag.

Ich war neunzehn Jahre alt und mit meinem Motorrad unterwegs. Kurz vor Fellbach, einem Ort unweit von Winnenden, stieß ich frontal mit einem Lastwagen zusammen. Das war Ende der 70er-Jahre, vor Einführung der Helmpflicht. Eigentlich hätte ich tot sein müssen, doch einige Autos hinter mir fuhr ein Arzt. Ihm gelang es, meinen Kreislauf zu stabilisieren und einen Rettungshubschrauber zu alarmieren. Man brachte mich auf die Intensivstation des Katharinenhospitals in Stuttgart. Vier Tage lang lag ich im Koma.

In dem Moment, als es krachte, als Metall auf Metall stieß und ich mit voller Wucht auf den Lkw geschleudert wurde, wurde alles um mich herum schwarz. Es war das schwärzeste Schwarz, das man sich vorstellen kann. Doch auf einmal wurde es wieder hell. Ich spürte nichts, keine Schmerzen, trotz der schweren Schädelverletzungen, die ich erlitten hatte. Da war ein Licht, und ich war bereit, darauf zuzugehen, in ihm aufzugehen. Ich war bereit, meinen Körper zu verlassen.

Später hörte ich Berichte von anderen Unfallopfern, die Ähnliches erlebt hatten. Und von Menschen, die aufgrund einer schweren Krankheit oder während einer Operation Nahtoderfahrungen gemacht hatten. Immer ist von diesem Licht die Rede. Nie von Schmerzen. Und immer geht es um die Empfindung, den Körper zu verlassen. Oder eben nicht.

Ich kehrte damals zurück ins Leben. Heute weiß ich, warum: Ich hatte noch eine Aufgabe zu erfüllen, die in der Zukunft lag. Ich kehrte ins Leben zurück, weil ich heute dafür kämpfen muss, dass der Waffenwahnsinn in Deutschland ein Ende nimmt.

Als ich nach meinem Unfall wieder gesund war, erinnerte ich mich daran, wie meine Mutter und meine Schwester mir ins Ohr geflüstert hatten, während ich im Koma lag. Komapatienten werden von den Ärzten nach einer Punkteskala eingestuft. Ein Punkt, der niedrigste Wert der Skala, bedeutet, dass der Patient keine verbalen Reaktionen mehr zeigt und auf Schmerzreize nicht reagiert. Trotzdem bekommen selbst diese Patienten etwas von der Außenwelt mit. Weil ihre Seele da ist. Weil sie noch immer im Körper wohnt.

Da ich diese Erfahrungen gemacht hatte, vertraute ich dem Arzt, als er sagte: „Jana hat keinen Schmerz verspürt."

Ein paar Tage nach Janas Tod rief mich Professor Dr. Markus Arand an. Er war Leiter des Rettungsteams, das um Janas Leben gekämpft hatte. Als man meine Tochter nach Ludwigsburg brachte, war ihr Puls schon sehr schwach. Das Team versuchte, ihn zu stabilisieren, ähnlich, wie es meinem Lebensretter nach dem Motorradunfall gelungen war. Weil Jana eine halbe Stunde lang im Klassenzimmer liegen musste, bevor ein Arzt wagte, es zu betreten – man wusste längere Zeit nicht, ob der Mörder noch in der Schule war –, hatte sie bereits viel Blut verloren. Ihre Mitschüler sagten später, Jana habe in einer riesigen Blutlache gelegen.

„Herr Schober", sagte Professor Arand, „es war für mich und meine Kollegen sehr schwer, Ihre Tochter zu behandeln. Wir wussten, dass es fast hoffnungslos war. Wir waren zu acht und wir haben alles getan, um ihr Leben zu retten."

Sie brachten Jana in den Schockraum. Ihr Puls war kaum noch zu spüren. Eigentlich hätte man gleich ihre Schädeldecke öffnen müssen, denn ihr Gehirn war lebensgefährlich angeschwollen. Doch dieser Eingriff war aufgrund des schwachen Kreislaufs nicht möglich.

„Hätte Jana überleben können, wenn sie früher zu Ihnen gebracht worden wäre?", fragte ich.

„Schwer zu sagen", antwortete Professor Arand. „Vielleicht bei einer sofortigen medizinischen Versorgung. Trotzdem wäre ihr Gehirn irreparabel geschädigt gewesen. Jana hätte nie mehr sehen, nie mehr hören, nie mehr sprechen können."

Selbst wenn man Jana noch hätte retten können: Die Kugel des Attentäters hätte ihr bisheriges Leben für immer zerstört.

Professor Arand sagte mir, dass einige der Ärzte aus dem Rettungsteam seit Janas Tod in psychologischer Behandlung waren. Sie hatten selbst Kinder in ihrem Alter und konnten das Geschehene nicht einfach so wegstecken. Auch daran denke ich heute, wenn ich mich immer wieder aufs Neue mit der Waffenlobby auseinandersetzen muss. Warum denken diese Leute nicht an unsere Kinder, wenn sie ihr Hobby mit allen Mitteln verteidigen? Und warum ist unserer Gesellschaft das Hobby einer Minderheit diese ständige Gefahr wert?

Neun tote Schüler.

Drei tote Lehrerinnen.

Drei weitere tote Menschen.

Dreizehn Schwerverletzte.

Das ist die Opferbilanz des 11. März 2009.

Die Tatwaffe nahm ein 17-jähriger Junge aus dem Kleiderschrank seines Vaters. Dieser wurde wegen fahrlässiger Tötung in 15 Fällen zu 21 Monaten Gefängnis auf Bewährung verurteilt. Er verließ den Gerichtssaal als freier Mann. Während ich diese Zeilen schreibe, bereiten seine Anwälte die Revision vor.

„Am Ende bleibt Ratlosigkeit", sagte der Vorsitzende Richter Reiner Skujat, Chef der 18. Großen Strafkammer am Landgericht Stuttgart.

Das stimmt nicht. Denn auch wenn man nach menschlichem Ermessen nicht verstehen kann, warum Tim Kretschmer diese Tat verübt hat, bleiben als Fragen stehen: Muss nicht alles getan werden, um so etwas in Zukunft zu verhindern? Tragen Millionen Menschen in Deutschland das Risiko einer Wiederholung weiter mit, weil ein paar Hunderttausend Sportschützen zu Hause Waffen und Munition horten? Manche dieser Schützen achten darauf, dass beides getrennt aufbewahrt und weggeschlossen ist, wie das Gesetz es verlangt. Doch es gibt genügend andere, die dies nicht tun. Der Fall Winnenden beweist, dass es ausreicht, wenn nur einer dieser Menschen seiner Pflicht nicht nachkommt. Wollen wir dieses Risiko auch in Zukunft mittragen?

Ich sage: Nein. Aus dem, was geschehen ist, folgt logischerweise, dass sich an den Waffengesetzen etwas ändern muss. Und wir brauchen zu diesem logischen Schritt nicht viel mehr als ein bisschen guten Willen. Am Anfang unseres Widerstandes gegen die Waffenlobby hätte ich allerdings nicht gedacht, dass dieser gute Wille überhaupt nicht vorhanden ist. In den Tagen und Wochen unmittelbar nach dem Massaker sah es zunächst ganz danach aus, dass der gesunde Menschenverstand siegen würde. Der Schock ging durch die gesamte Gesellschaft. Politiker und Kirchen, selbst einige Vertreter von Schützenverbänden waren davon überzeugt, dass sich endlich etwas ändern müsse. Doch geht erst einmal Zeit ins Land, tut der Mensch, was er am besten kann: verdrängen und vergessen.

Inzwischen sieht die Sache ganz anders aus. Mittlerweile führt die „Ja, aber-Fraktion" das große Wort. Sie argumentiert: „Ja, diese Sache war schlimm, aber es ist der Mensch, der den Ausschlag gibt, nicht die Waffe." Sie sagt: „Stimmt, da hat jemand Fehler gemacht, aber wir waren es nicht." Sie sagt: „Was passiert ist, ist passiert, ändern können wir es jetzt nicht mehr." Oder gar: „Der Amoklauf von Winnenden war schlimm, aber der Amoklauf gegen die Schützen ist noch schlimmer."

Die „Ja, aber-Fraktion" weist die Gefahr, dass schon morgen ein neues Winnenden passieren kann, weit von sich. Deshalb ist unser Kampf gegen die Waffenlobby noch nicht beendet. Im Gegenteil: Er scheint erst jetzt so richtig zu beginnen.

„Warum reden wir über die Waffen?"

Ich werde häufig gefragt: Haben Sie Wut gespürt an jenem Abend, als Sie von der Klinik nach Hause fuhren? Hinter dieser Frage steht letztlich der Gedanke an Rache. Auge um Auge, Zahn um Zahn. Als ob das irgendwie helfen könnte. Als ob Jana davon wieder lebendig würde.

Meine Antwort lautet stets: Nein. Am Abend des 11. März 2009 wussten wir, dass der Täter Selbstmord begangen hatte. Zwei Polizeibeamte waren bereits nach wenigen Minuten am Tatort. Ihr Eingreifen verhinderte, dass Tim Kretschmer noch mehr Menschen tötete. Mit der Bewaffnung und Munition hätte der Täter fünfzig, sechzig Kinder ermorden können. Doch er ergriff die Flucht, erschoss unterwegs einen Mitarbeiter der psychiatrischen Klinik Winnenden und nahm einen Autofahrer als Geisel. So kam er bis nach Wendlingen, vierzig Kilometer von Winnenden entfernt. Dort tötete er den Kunden eines Autohauses mit drei Kopfschüssen. Den 36-jährigen Autoverkäufer ermordete er mit elf Schüssen. Anschließend lieferte er sich ein Feuergefecht mit der Polizei. Auch zwei Treffer konnten ihn zunächst nicht stoppen. Schließlich tötete er sich selbst mit einem aufgesetzten Schuss in den Kopf. „Typisch suizidal, mitten in die Stirn", sollte später bei Gericht der Rechtsmediziner Dr. Frank Wehner sagen, während der Vater des Täters ohne sichtbare Emotion

[46]

zuhörte. Und trotzdem habe ich nie Wut verspürt. Nicht im Gerichtssaal, nicht auf den Gedenkfeiern, auch dann nicht, wenn Josef Ambacher, Präsident des Deutschen Schützenbundes, fragte: „Warum reden wir über die Waffen?"

Ich verspüre keine Wut, wenn ich immer wieder geduldig erkläre: „Wir reden über die Waffen, weil diese Waffen töten." Ich bin auch nicht wütend, wenn ich wieder und wieder die Fragen stelle, die gestellt werden müssen: „Warum gibt es sieben Millionen scharfe legale Schusswaffen in Deutschland? Warum sind darunter großkalibrige Waffen mit Kalibergrößen über 5,6 Millimetern? Warum existieren in Privathaushalten halbautomatische Waffen mit fünfzehn Schuss im Magazin, mit denen ein Halbwüchsiger wie der Amokläufer von Winnenden einen Menschen mit elf Schüssen barbarisch ermorden kann?

Ich verspüre auch keine Wut, wenn ich zum hundertsten und tausendsten Mal sage: „Doch, Herr Ambacher, wir müssen über die Waffen sprechen."

Auch dann, wenn ich merke, dass die Waffenlobby mir nicht zuhört, weil sie nicht zuhören will, verspüre ich keine Wut.

Ich spüre Trauer. Das ist genug.

Als ich am 11. März 2009 kurz vor 22 Uhr nach Hause kam, sahen mir besorgte Gesichter entgegen. Annabell, die in diesem Jahr elf Jahre alt geworden war, lag schon im Bett. Alle anderen waren noch da. Ich erzählte, wie es mir in der Klinik ergangen war. Auch für Ulrike war es wichtig zu erfahren, dass Jana nicht hatte leiden müssen. Sie erzählte mir, wie sie am Morgen, nachdem Elenas Oma ihr berichtet hatte, was geschah, zur Schule geeilt war. Wie eine Sekretärin bei ihrer Ankunft rasch weggesehen hatte. Wie sie in diesem Augenblick wusste, dass alles viel schlimmer war als befürchtet. Wie sie sich mit den anderen Eltern vor der Schule ausgetauscht, wie sie vergeblich versucht hatten, Informationen zu erhalten. Und wie schließlich nach unserer Rückkehr nach Hause alles über sie hereingebrochen war. Obwohl der 11. März 2009 der längste Tag in unserem Leben war, obwohl wir erschöpft waren und uns innerlich vollkommen leer fühlten, obwohl wir schon längst nicht mehr konnten, wollten wir uns nicht schlafen legen.

Als ich am Morgen in Leipzig von den Ereignissen an der Albertville-Realschule erfahren hatte, war einer meiner ersten Gedanken gewesen: Gott sei Dank geht Annabell nicht in dieselbe Schule. Gott sei Dank besucht sie die Geschwister-Scholl-Realschule. Dann trifft es nicht beide. Dieser Gedanke beschäftigte mich noch am Abend, in der Nacht, am darauffolgenden Tag und bis heute: Was wäre, wenn unsere beiden Töchter in dieselbe Schule gegangen wären? Was wäre, wenn wir an diesem schrecklichen Tag alle beide verloren hätten?

Annabell erzählte uns später, wie plötzlich schwerbewaffnete Sicherheitskräfte ihre Schule gestürmt hatten. Niemand wusste, was los war, und keiner sagte etwas. Aber alle mussten sich flach auf den Boden legen.

Der Grund für diesen Polizeieinsatz war, dass keiner eine Vorstellung davon hatte, was der Amokläufer als Nächstes tun würde. Die Wahrscheinlichkeit, dass er eine weitere Schule aufsuchen würde, war hoch. Deshalb taten die Sicherheitskräfte alles, was in ihrer Macht stand, um zumindest die Schüler der anderen Schulen zu schützen. Ein paar Hundert weiterer traumatisierter Schüler musste man dabei in Kauf nehmen.

Doch, Herr Ambacher und alle anderen Vertreter einer unübersehbar großen Waffenlobby: Wir müssen über Ihre

Waffen sprechen und wir werden über Ihre Waffen sprechen. Wir können nicht länger so tun, als sei es die normalste Sache der Welt, dass in Deutschland überall großkalibrige halbautomatische Waffen frei zugänglich sind. Wir können nicht länger schweigen.

In Janas Zimmer

„Ein Strafprozess ist keine Therapiesitzung", sagte einer
der Verteidiger von Jörg Kretschmer während der Verhandlung. Das klang schon fast zynisch, und wer weiß, ob
es nicht auch so gemeint war. Tatsache ist, dass der Vater
des Amokläufers während des Prozesses so emotionslos
wirkte wie sein Sohn, während er die Taten verübte. Jörg
Kretschmer entschuldigte sich nicht für das unendliche
Leid, das durch seine Mitschuld angerichtet worden war.

Zwei Monate vor Janas Tod hatten wir die Zimmer der
Mädchen renoviert. Wir hatten alles neu eingerichtet, denn
zumindest Jana war kein Kind mehr. Bis heute ist an ihrem
Zimmer alles unverändert. Manchmal, wenn mich eine
Äußerung der Waffenlobby besonders trifft, betrete ich es.
Dann lege ich mich auf Janas Bett und lasse mir alles durch
den Kopf gehen. Dadurch wird ein Satz wie „Ein Strafprozess ist keine Therapiesitzung" auch nicht besser. Auch
die Tatsache, dass Jörg Kretschmer und seine Verteidiger
das Urteil nicht akzeptieren und Revision eingelegt haben,
wird so nicht erträglicher. Doch in Janas Zimmer erinnere
ich mich daran, was meine Aufgabe ist. Denn dieses Zimmer ist leer. Es ist kein Lachen mehr darin.

Jana hatte gerne gelacht. Ihr Lachen war ansteckend
gewesen. War jemand traurig, kam sie mit einem lusti-
gen Spruch. Sie schaffte es immer wieder, Menschen auf-
zuheitern und glücklich zu machen.

Früher habe ich mich oft gewundert, warum Jana so gerne Omnibus fuhr. Bis mir nach ihrem Tod ein Mädchen aus der Nachbarschaft erzählte: „Jana hat immer den ganzen Bus unterhalten. Da kam ein Spaß nach dem anderen. Wenn sie dabei war, sind wir auch gerne Bus gefahren."

Doch das Sonnenkind ist tot. Und wahrscheinlich sind nun selbst die Busse irgendwie leerer als früher.

„Die Felixe dürfen nie alleine sein"

Ulrike und ich kannten uns noch keine zwei Monate, da war sie mit Jana schwanger. Wir sind beide in Fellbach aufgewachsen, dem Weinort im unteren Remstal, gleich vor den Toren Stuttgarts. Fellbach ist eine Stadt mit 45 000 Einwohnern, da kennt man sich. Auch Ulrike und ich kannten uns vom Sehen schon länger, und ich hatte seit geraumer Zeit ein Auge auf sie geworfen. Doch sie war immer mit einer Gruppe Leute zusammen, die aus dem Vorort Schmiden kam. Wer sich auskennt, weiß, dass Fellbacher und Schmidener ungefähr so zueinander stehen wie Kölner und Düsseldorfer. Hier in Schwaben sagt man: Uns verbindet eine herzliche Abneigung. Die zeigte sich damals bei uns besonders im „Privileg", einer angesagten Disco. Da gruppierten wir Fellbacher uns auf einer Seite und die Schmidener auf der anderen Seite, und jede Gruppe tat so, als sei sie allein da. In Wahrheit aber riskierte jeder mal ein Auge zur anderen Seite, und ich auch gerne zwei, denn dieses hübsche Mädchen dort drüben ging mir nicht mehr aus dem Kopf – auch wenn sie aus Schmiden kam.

Beim Fellbacher Herbst, dem alljährlichen großen Weinfest, war es dann so weit. Da tanzt der Bär in den Straßen und Gässchen der Altstadt, und Rieslinge und Spätburgunder aus Fellbacher Lagen tun das ihre dazu, dass sich die Liebenden finden. An diesem Abend war ich mutig. Ich kam, sah – aber siegte nicht. Zwar nahm ich Schmidens schönste Frau bei der Hand, sagte auch kess: „Du kommst jetzt mit mir", zwar tanzten wir und lachten und küssten uns auch – doch dann verloren wir uns wieder aus den Augen. Wir brauchten insgesamt drei Anläufe, bis Amor zufrieden sein konnte. Das war im März 1993, und im Januar 1994 durften wir uns über Nachwuchs freuen. Da kam Jana auf die Welt.

Ich stamme aus einer echten Postler-Familie. Schon mein Großvater war bei der Post gewesen, meine Mutter leitete die Poststelle in Fellbach-Lindle, und als ich 1975 die Schule verließ, war klar: Meine Zukunft liegt bei der Post. Also lernte ich „Postjungbote" – so hieß damals der Ausbildungsberuf. Das war ein Beamter im einfachen Dienst, und der Rückblick von heute aus bestätigt einige Klischees, die man von den Postbeamten der damaligen Zeit noch hatte. Zu meinen anspruchsvollsten Aufgaben gehörte das Auswendiglernen von Postleitzahlen und Bahnpoststrecken. Der Freitagvormittag war dem Dienstsport gewidmet, danach hatten wir Zeit zum Selbststudium, bei dem wir aber nicht die Köpfe in Bücher steckten, sondern Skat klopften. Es war eine unbeschwerte Zeit und ich war in einem Alter, in dem man sich keine Gedanken darüber macht, dass unbeschwerte Zeiten nicht für die Ewigkeit sind.

Die Wende kam am 2. August 1978. „Zehn Prozent Überlebenschance", sagten die Ärzte, als man mich nach dem Motorradunfall ins Krankenhaus eingeliefert hatte. Schädelbasisfraktur, Gehirnquetschung, Leberriss, Lungenquetschung, Kieferfraktur. So las sich die Liste meiner Verletzungen. Zum Glück war ich durchtrainiert. In meiner Freizeit war ich Kunstturner, Reck und Barren waren meine Lieblingsgeräte. Ich hatte nicht nur einen beeindruckenden Bizeps, sondern war rundum fit. Weil mich meine gute körperliche Konstitution damals rettete, klammerte ich mich 31 Jahre später so fest an den Gedanken, dass auch Jana ihre Verletzungen überleben würde, weil sie kerngesund und sportlich war.

Nach dem Krankenhausaufenthalt war ich ein Dreivierteljahr lang krankgeschrieben. Ich nutzte die Zeit, um mir Gedanken darüber zu machen, was ich mit meinem weiteren Leben anstellen wollte. Die Aussicht auf fröhliche Skatstunden während der Arbeitszeit erschien mir auf einmal gar nicht mehr erstrebenswert. Ich entschied mich dafür, nochmals die Schulbank zu drücken und die mittlere Reife nachzuholen.

In den beiden darauffolgenden Jahren auf der Berufsaufbauschule am Stuttgarter Feuersee fiel mir das Lernen leicht. Die richtige Motivation, merkte ich damals, ist der beste Lehrer.

In dieser Zeit lernte ich meine erste Frau Brigitte kennen. Sie arbeitete erfolgreich als Immobilienverkäuferin. Durch sie kam ich in Kontakt mit dieser Branche, und ich war fasziniert. Ich konnte schon immer gut mit Zahlen und hatte außerdem ein Faible für statische Berechnungen.

Dennoch führte mein beruflicher Weg mich zunächst zurück zur Post. 1988 trennten Brigitte und ich uns, und 1990 erhielt ich die Lebenszeiturkunde als Beamter. Schwarz-rot-golden war sie, wie es sich gehört, und was sie aussagte, war: Von nun an liegt deine Zukunft klar auf der Hand. Du bist jetzt 27 Jahre alt, du bist Beamter, von heute an wird es nicht mehr viele Überraschungen in deinem Leben geben.

Nur: Wollte ich das?

Es ist nicht leicht, eine eingefahrene Spur zu verlassen. Bei mir kam hinzu, dass die Familientradition schwer wog. Familie und Freunde erklärten mich für verrückt, als sie mitbekamen, dass ich mich zwar für den gehobenen Postdienst angemeldet hatte, mich gleichzeitig aber bei verschiedenen Banken bewarb.

Noch im September 1990 wechselte ich zur Bayerischen Hypotheken- und Wechsel-Bank in Stuttgart. Damit war mein Beamtenstatus futsch. Dennoch war ich überzeugt, die beste Entscheidung meines Lebens getroffen zu haben. Ich wollte Anderes, Neues. Und das sollte ich auch bekommen.

Jeder weiß, wir Schwaben sind ein Volk von Häuslebauern, und darum ist es kein Wunder, dass die älteste Bausparkasse Deutschlands hier ihre Wurzeln hat, gegründet von Georg Kropp im kleinen Dorf Wüstenrot mitten im Schwäbischen Wald. Wo Immobilien entstehen, verkauft und gekauft werden, braucht man Menschen, die sich mit so etwas auskennen. Ich entschied mich, Immobiliensachverständiger zu werden. Während der ersten drei Jahre als Immobilienbewerter bei der Bayerischen Hypotheken- und Wechsel-Bank bildete ich mich ständig weiter. Auf der Suche nach einer neuen Herausforderung wechselte ich die Stelle und ging nach Leipzig. Dort gab es in den aufregenden Jahren nach der Wende für einen Mann mit meinem Beruf nicht nur alle Hände voll zu tun, sondern es herrschte auch eine große Nachfrage nach seriöser Arbeit und Beratung gerade in der Immobilienbranche.

Im Osten gewann ich rasch neue Freunde. Ich fühlte mich wohl in Leipzig, die Arbeit machte mir Spaß, ich wollte immer mehr lernen. Daher entschied ich mich, im Abendstudium den Bankkaufmann nachzumachen und danach den Betriebswirt an der Wirtschaftsakademie.

Obwohl ich mit Arbeit und Studium mehr als ausgelastet war, gelang Ulrike und mir eine funktionierende Wochenendbeziehung. Auch beruflich lief es immer besser. Ab 1994 kümmerte ich mich als Gruppenleiter um private und gewerbliche Baufinanzierungen. Als mein Vertrag zwei Jahre später auslief, beschloss ich, ihn nicht mehr zu verlängern, sondern den Sprung in die Selbstständigkeit zu wagen.

Leipzig wurde dadurch noch mehr zur zweiten Heimat. Als ich zusätzlich die Repräsentanz einer Privatbank in der Stadt übernahm und selbst ein halbes Dutzend Häuser sanierte und vermietete, lag der Gedanke nahe, endlich die Familie nachzuholen. Doch am Ende war der Lockruf der alten Heimat stärker. Schließlich stammten wir beide aus der Region. Außerdem hatte Ulrike Verwandtschaft im Osten, die unter dem DDR-Regime schwer zu leiden gehabt hatte. Die Berichte ihrer Verwandten waren für Ulrike kein Anreiz, im Osten Deutschlands zu leben, auch wenn in den neuen Bundesländern jetzt alles anders wurde.

Jana dagegen kam gerne mit nach Leipzig, wann immer es ging. Anfangs besuchte sie dort einen Kindergarten, den eine Bekannte von mir leitete. Auf diese Weise hatten wir immer wieder ein paar Wochen für uns, was unsere Verbindung noch stärker machte. Als Jana größer war, fuhren wir Boot am Cospudener See, radelten kreuz und quer durch die Region und besuchten in Meißen die Porzellanmanufaktur. Jana war begeistert von den Figuren und ich kaufte ihr ein kleines Pferd. Sie hatte schon damals einen ausgeprägten Sinn für Ästhetik, aber auch reges Interesse an allem Technischen. Regelmäßig ging sie in die Kunstschule nach Waiblingen, wo geknetet, getöpfert, gemalt und modelliert wurde. Später war sie das einzige Mädchen ihrer siebten Klasse, das den Technik-Unterricht besuchte ... und gleichzeitig eine begeisterte Ballerina. Als sie erfuhr, dass es in Waiblingen einen Fasnetsverein mit eigener Tanzgarde gab, war klar, was kommen würde: „Papa, da will ich hin!"

Sie ging also zur Tanzgarde, mit viel Freude und vollem Einsatz. Trainiert wurde das ganze Jahr über zweimal die Woche, das war Hochleistungssport. Unsere jüngere Tochter Annabell war damals Cheerleaderin bei den „Backnang Wolverines" geworden, dem örtlichen Footballverein, und auch da mischte Jana noch mit. Die Cheerleader waren froh, eine ausgebildete Tänzerin zu bekommen, doch für uns Eltern hieß das: tagein, tagaus das Taxi spielen, um die Mädels ins Training und zu Wettkämpfen zu bringen. Weil das unter der Woche allein an Ulrike hängen blieb, überlegten wir, wie wir die Zeit der Wochenendbeziehung beenden konnten.

Nachdem klar war, dass ich in die Heimat zurückkehren würde, bauten wir 2001 in Fellbachs Nachbarort Waiblingen ein Haus. Die Finanzierung war bereits unter Dach und Fach, als der Börsencrash kam. Kaum war unser Haus fertig, musste ich es wieder veräußern. Dafür fanden wir bald darauf im kleinen Ort Weiler bei Winnenden unseren Heimathafen, dem wir bis heute treu geblieben sind. Hier wuchsen Jana und Annabell auf, in friedlicher Idylle, wie es schien. Wer ahnte seinerzeit, dass ein paar Straßen weiter ein Mann wohnte, dessen Leidenschaft für Waffen es seinem – wie es später die Richter am Landgericht Stuttgart ausdrückten – in seelischer Not befindlichen Sohn ermöglichte, fünfzehn Menschen zu erschießen?

Als wir 2003 nach Weiler zogen, fühlten wir uns rundum wohl. In einem Nachbarort eröffnete ich ein neues Büro. Eine Zeit lang unterstützte ich als Kreditmanager ein Start-up-Unternehmen in Heidelberg. Hier bekam ich einiges von den neuen Schattenseiten des Bankgewerbes mit: Meist ging es um Kredite, die der Schuldner nicht zurückbezahlen konnte. Diese kaufte das Heidelberger Unternehmen dann auf, ganz so, wie das heute die sogenannten Bad Banks tun. Meine Aufgabe war, die Kredite zu bewerten. So kam ich mit Menschen zusammen, die in finanzielle Not geraten waren, und erfuhr ihre Geschichten. Auch wenn hinter vielen dieser Lebenskatastrophen die Gier nach mehr steckte, konnte und wollte ich nach Janas Tod nichts mehr damit zu tun haben. Kurz nach ihrer Beerdigung gab ich den Beruf auf.

Während ich das alles aufschreibe, stehe ich immer wieder auf und betrete Janas Zimmer. Gerade war mir, als könnte ich ihr Lachen hören. Das hatte sie von Ulrike.

Vielleicht war sie mein Sonnenkind gewesen, weil sie so viel von meiner Frau hatte. Ich muss an einen Abend kurz vor Janas Tod denken, an dem ich wieder einmal Taxidienst hatte und Jana mit drei ihrer Freundinnen zu einer Veranstaltung fuhr. Auch Krissi war dabei, die beim Massaker ebenfalls ums Leben kam. Die vier konnten so schnell reden, dass ich kaum etwas verstand. Und lachen konnten sie! Ein Lachen, das mich heute noch umhaut – in meiner Erinnerung, hier in Janas Zimmer.

Sie war gerne dort. Sie liebte ihr Zuhause. Was sie „chillen" nannte, nannten wir Eltern einfach „sich wohlfühlen". „Chillen" klang in Janas Ohren besser, doch wie man es nennt, spielt keine Rolle. Ulrike und mir war wichtig, dass Jana und Annabell immer einen Ort antrafen, an dem sie Energie tanken konnten, der sie auffing. Natürlich durften die Mädchen ihre Zimmer nach ihrem Geschmack einrichten. Jana wollte eine rote Wand, die sie mit dem Schwamm bearbeitete. Ihre Möbel waren weiß, rot und schwarz. Im Bücherregal standen ihre Harry-Potter-Bücher, jedes von ihnen mindestens dreimal gelesen. Und daneben saßen die Felixe. Das waren flauschige Kasperlfiguren, die ein Eigenleben führten. Einmal sagte Jana zu mir: „Papa, die Felixe dürfen nie alleine sein." Dann wickelte sie die Figuren in ein indisches Tuch, das ich ihr gekauft hatte und das nie – mit ganz dicken Ausrufezeichen – fehlen durfte, auch beim Schlafen nicht.

So stehe ich in Janas Zimmer und die Felixe schauen mich an. Ich weiß, sie dürfen nicht alleine sein, aber ich weiß auch, sie sind es.

Janas Auftrag

Wenige Tage nach dem Mord an Jana sagte Annabell: „Ich tue jetzt alles, was sie gemacht hat." Sie hatte Tränen in den Augen. „Ich fange an zu tanzen", erklärte sie.

Ulrike und ich sahen uns an. Dann nahm meine Frau Annabell in die Arme. „Du kannst Jana nicht ersetzen", sagte sie leise. „Du musst deinen eigenen Weg gehen."

Für Annabell, für Ulrike und für mich gibt es ein Leben vor Janas Tod und eines danach. Und was Ulrike Annabell erklärt hatte, galt auch für meine Frau und mich: Wir mussten unseren eigenen Weg gehen. Das sagt sich so leicht. Aber was ist, wenn man diesen Weg nicht kennt? Wenn man ihn erst finden muss?

Vor Janas Tod führten wir ein Leben, wie Millionen von Eltern in ganz Deutschland es führen. Wir versuchten, unseren Töchtern ein Zuhause zu geben, in dem sie glücklich aufwachsen können. Heute sehe ich die Sache anders. Janas jäher Tod hat uns unmittelbar erfahren lassen, dass wir auf Messers Schneide leben, weil jeden Tag, jede Stunde, jede Minute etwas Schreckliches passieren kann. Früher sagte ich, wenn Ulrike wegfuhr, wie wahrscheinlich jeder Ehemann: Komm gut wieder nach Hause. Heute gebe ich ihr meine Wünsche viel bewusster mit auf den Weg, weil ich weiß, wie unvermittelt das Gegenteil eintreten kann. Wenn Annabell übers Wochenende wegfährt oder – wie jetzt gerade – im Schullandheim ist, kann ich nicht mehr so unbekümmert wie früher sagen: Es wird schon alles gut gehen.

Das Vertrauen darauf, dass schon alles gut gehen wird, gibt es nicht mehr in meiner Welt. Heute kommt es mir wie ein Schwindel vor, dem ich nicht länger aufsitzen kann und will.

Vielleicht geht einiges gut. Aber nur, wenn wir selbst eine ganze Menge dazu beitragen. Schon vor Janas Tod hatte ich mich beim Jugendrotkreuz und später dann beim Roten Kreuz engagiert. Nach dem Massaker genügte mir das nicht mehr. Ich wollte mein Engagement ausweiten, wusste aber nicht, wie. Den eigenen Weg zu finden, gehört vielleicht zu den schwierigsten Aufgaben, die wir Menschen haben. Manche tun ein Leben lang nur das, was andere ihnen auftragen. Manche suchen die Erleuchtung in fernen Ländern, in Sekten und bei Gurus. Andere finden Halt in der Kirche und im Glauben. Und dann gibt es Menschen, die durch eine schmerzhafte Erfahrung auf einen ganz neuen Weg gestoßen werden. So war es bei mir. Janas Stimme war in meinem Kopf. Sie sagte: „Papa. So etwas darf nie mehr passieren."

Jana ging, um mir den Weg zu weisen. Manchmal glaube ich, es war ihre eigene Entscheidung. Sie ging, damit andere nicht gehen müssen. So liegt mein Lebensweg jetzt klar und deutlich vor mir: Ich werde Janas Auftrag erfüllen. Was ihr geschehen ist, darf nie mehr passieren. Solange ich lebe, werde ich dafür kämpfen, dass es nicht mehr passieren kann. Einigen Leuten passt das nicht. Das kann ich nicht ändern. Jana musste sterben, damit wir alle vernünftiger werden. Und dass es so kommt, dafür lohnt es sich zu kämpfen.

Auf einmal kannte ich meinen Weg.
Auf einmal kannte ich den Auftrag.
Es war an der Zeit, ihn umzusetzen.

Wenn der Tod eines Kindes zum Vermächtnis wird

Am 3. Mai 1969 packte ein neunjähriger Junge in Winnenden seine Tasche und machte sich auf den Weg. Er war im Schwimmbad gewesen, jetzt freute er sich auf zu Hause. Wahrscheinlich sah er das Auto, das ihn anfuhr, gar nicht kommen. Sofort nach dem Unglück alarmierten Passanten die Polizei und das Rote Kreuz. Doch bis der Krankenwagen eintraf, dauerte es fast eine Stunde. In dieser Zeit blieb den Umstehenden nichts anderes übrig, als hilflos mit anzusehen, wie der kleine Junge langsam starb.

Der tragische Tod von Björn Steiger wäre längst in Vergessenheit geraten, hätte sein Vater nicht dagegen aufbegehrt. Siegfried Steiger war Architekt. Vor diesem Tag wäre ihm niemals in den Sinn gekommen, dass er sein Leben einer Initiative widmen würde, die bis heute Abertausenden Menschen das Leben gerettet hat, die damals, Ende der 60er-Jahre, aber niemand wollte. Als er in einem offenen Brief die Innenminister der Bundesländer aufforderte, die Voraussetzungen zum Aufbau eines Rettungsdienstes zu schaffen, gab es zwar für kurze Zeit viel Wirbel – doch nachdem die ersten Expertenrunden stattgefunden hatten, ging man zur Tagesordnung über.

Siegfried Steiger allerdings tat dies nicht. Er war der Ansicht, dass der Tod seines Sohnes nicht umsonst gewesen sein durfte. Und er war überzeugt, dass Björn noch leben würde, wenn der Notarzt rechtzeitig eingetroffen wäre. Sein kleiner Junge starb am Schock, nicht an den Verletzungen. Es wäre ein Leichtes gewesen, ihn zu retten. Sollte sein Tod einen Sinn haben, dann nur den, dass so etwas nicht mehr passieren durfte.

Die Parallelen zwischen der Entstehung der Björn-Steiger-Stiftung und unserem Aktionsbündnis Amoklauf sind verblüffend: Beide Unglücke geschahen in derselben Stadt. Und der Entschluss eines Vaters, sich gegen die bestehenden Verhältnisse zur Wehr zu setzen, weckte mächtigen Widerstand.

Siegfried Steiger machte all die Erfahrungen, die ich auch mache. Im Guten wie im Bösen. Er war überrascht über den Widerstand, den man ihm entgegensetzte, trotz der guten Sache, für die er sich engagierte. Und er fand Hilfe, wo er sie nie gesucht hätte. Zu seinen ersten Unterstützerinnen gehörte Hilda Heinemann, die Frau des damaligen Bundespräsidenten Gustav Heinemann.

Auch wenn die Politik sich damals nicht mit Ruhm bekleckerte, Bund und Länder sich aus der Kostenbeteiligung an den Notruftelefonen zurückzogen, konnten die Politiker den Erfolg der Stiftung nicht verhindern. Bis zum heutigen Tag wurden mehr als 35 000 bundesdeutsche Straßen mit stationären Telefonen versorgt. Ohne die Björn-Steiger-Stiftung gäbe es keine bundeseinheitlichen Notrufnummern 110 und 112, gäbe es keine Luftrettung, keinen Baby-Notarztwagen, keine kostenlose Handy-Ortung. Es gäbe vieles nicht, was Leben rettet. Deutschland, ein Land mit einem der höchsten Verkehrsaufkommen der Welt, ist durch das Lebenswerk von Siegfried Steiger sehr viel sicherer geworden. Und letztlich wurde durch die Arbeit der Stiftung in ganz Europa das Rettungswesen revolutioniert.

Natürlich war mir die Björn-Steiger-Stiftung ein Begriff. Doch bis zum Tag des Massakers hatte ich keinen persönlichen Kontakt zu Siegfried Steiger gehabt. Das änderte sich, als eines Tages, etwa zwei Wochen nach dem Amoklauf, das Telefon klingelte. „Ich würde Sie und andere betroffene Eltern gerne einladen", sagte Siegfried Steiger. Wir hatten gerade damit begonnen, so etwas wie ein Bündnis zu gründen. Alle standen noch unter Schock, hatten unzählige Fragen und keine Ahnung, wie es weitergehen sollte. Ich nahm die Einladung an. Siegfried Steiger erwies sich als aufmerksamer Zuhörer. Und er sah sehr klar voraus, wie es uns ergehen würde. Dabei teilte er nur seine eigenen Erfahrungen.

„Einige der Menschen, die Ihnen jetzt Unterstützung anbieten, werden sich später gegen Sie wenden", sagte er. Das konnte und wollte ich nicht glauben. Warum sollten diese Menschen das tun? Doch Siegfried Steiger sollte recht behalten. Alles, was er uns an diesem Abend zu erwägen gab, traf ein.

„Wenn Sie sich vernetzen wollen: Weshalb denken Sie an eine kirchliche Stiftung?", wollte er wissen. Das war eine unserer ersten Ideen gewesen: das Netzwerk der Kirche zu nutzen, um unser Anliegen zu verbreiten. „Das wird Ihnen Probleme schaffen", sagte Siegfried Steiger, als ahnte er schon, wie die Sportschützenlobby die Kirche unter Druck setzen würde, indem sie mit massiven Kirchenaustritten drohte. Nach vierzig Jahren Stiftungsarbeit wusste er, wie Leute ticken. Er kannte alle menschlichen Schwächen und hatte jedes Argument gegen eine gute Sache Hunderte Male gehört. Er kannte die „Ja, aber-Fraktion", die Bedenkenträger, die Zweifler, Skeptiker, Opportunisten und Duckmäuser. Er wusste, dass man Politiker kaufen kann und Lobbyisten das auch tun. Aber dass man sich am Ende trotzdem durchsetzen muss, weil sich sonst nie etwas ändert.

Es gibt nur zwei Arten zu leben: Man kann den Kopf in den Sand stecken. Oder man krempelt die Ärmel hoch. Siegfried Steiger krempelte die Ärmel hoch, egal, welche absurden Argumente seine Gegner vorbrachten. Egal, welche Hindernisse sie ihm in den Weg legten. Er krempelte die Ärmel hoch, weil er die Menschen liebt. Die Starken wie die Schwachen, die Ängstlichen wie die Mutigen. Auch die Bedenkenträger, Zweifler, Skeptiker, Opportunisten und Duckmäuser können auf der Straße verunglücken. Die Björn-Steiger-Stiftung rettet auch sie.

Das war Siegfried Steigers Botschaft an diesem Abend: Es spielt keine Rolle, welche Widerstände du beseitigen musst. Es spielt keine Rolle, wie hoch die Hürden sind, die man dir in den Weg stellt. Es geht nur darum, sie zu überwinden. Denk daran, dass alle davon profitieren. Auch deine Gegner haben Kinder, die bei einem Amoklauf getötet werden könnten. Alles, was du tust, tust du auch für sie, und das ist gut so.

An diesem Abend ging ich bestärkt nach Hause.

Schlaflose Nächte

Ein chinesisches Sprichwort lautet: Der Mensch, der den Berg versetzt, ist derselbe, der anfängt, kleine Steine wegzutragen. Nach dem Gespräch mit Siegfried Steiger stand meine Entscheidung fest: Ich war bereit, einen Berg zu versetzen. Wie viele kleine Steine dafür wegzutragen waren, konnte ich nicht abschätzen. Ich dachte nur: Komm, pack es an, schlafen kannst du ohnehin nicht mehr. Da kannst du auch was arbeiten; wenn es sein muss, Tag und Nacht. Ich wollte nicht nur 100 Prozent geben, sondern gleich 200!

Es war tatsächlich so: Ich machte nachts kein Auge mehr zu, litt unter akuter Schlaflosigkeit. Anstatt mich endlos im Bett zu wälzen, stand ich auf und setzte mich an den Schreibtisch. Ich fuhr den Computer hoch und recherchierte alles über das Thema Amoklauf. Winnenden war nicht Deutschlands erstes Schulmassaker gewesen. Da gab es den Fall Robert Steinhäuser. Steinhäuser war zwei Jahre älter gewesen als Tim Kretschmer, als er am 26. April 2002 am Gutenberg-Gymnasium in Erfurt 16 Menschen tötete, bevor er sich selbst erschoss. Steinhäuser war Mitglied in einem Schützenverein gewesen und seine Eltern wussten, dass er in seinem Zimmer Waffen und Munition hortete. Bei der Tat führte er zwei äußerst gefährliche Waffen mit sich: eine Vorderschaft-Repetierflinte Mossberg 590, im Volksmund „Pumpgun" genannt. Und eine Pistole Glock 17. Das ist eine halbautomatische Waffe, die von Spezialeinheiten wie der GSG 9 genutzt wird. Mit sogenannten High-

Capacity-Magazinen verschießt sie in kürzester Zeit bis zu 33 Schuss.

In meinen einsamen Nächten vor dem Computer lernte ich mit wachsendem Entsetzen, wie schnell Attentäter mit diesen Waffen feuern können und welche unglaubliche Durchschlagskraft sie haben. Mit der Glock 17 schoss Steinhäuser acht Mal durch die verschlossene Tür eines Klassenzimmers und tötete damit zwei Schüler. Solch eine Pistole ist keine Sportwaffe. Sie wurde gebaut, um zu töten.

Bis zum 11. März 2009 wusste ich kaum mehr über Amokläufe als andere Bürger auch. Ich hatte dieses schreckliche Thema ebenso gründlich verdrängt wie die meisten Menschen. Doch jetzt half das nicht mehr. Jetzt musste ich alles darüber wissen, auch wenn die Erkenntnis, dass Amokläufe kein Einzelfall sind, schmerzlich war.

In Emsdetten gab es im November 2006 einen Amoklauf an einer Schule – auch so ein Ort, den bis dahin kaum jemand kannte und der seither einen festen Platz auf der Landkarte des Schreckens hat. In der nordrhein-westfälischen Stadt suchte ein 18-Jähriger seine ehemalige Schule heim, bewaffnet mit zwei Vorderladerwaffen und einer Kleinkaliberwaffe samt Munition. An seinem Körper befestigte der Attentäter drei selbst gebaute Rohrbomben, in seinem Rucksack befanden sich fünf weitere Bomben. Vier Rohrbomben fand man später in seinem Auto, neben drei Molotowcocktails und einer Machete. Auch dieser Attentäter tötete sich nach dem Amoklauf selbst, ebenso wie der 16-jährige Realschüler, der 2003 im fränkischen Coburg auf seine Klassenlehrerin und eine Schulpsychologin schoss.

Es ist also beileibe nicht so, dass wir erst in die USA schauen müssen, wo immer neue Massaker für Schlagzeilen sorgen, wie etwa der Fall des 14-Jährigen, der 2007 an einer Schule in Cleveland Amok lief, oder der 23-jährige Mann, der ein halbes Jahr zuvor 32 Menschen an der Technischen Universität von Virginia getötet hatte. Nur allzu gern hatte auch ich bislang die Augen davor verschlossen, dass bei uns in Deutschland die Gefahr ebenso groß ist. Nun lernte ich, dass sich die Taten ähneln, die Vorgehensweise der Täter immer dieselbe ist, sich sogar die Täterpsychologie gleicht: Die übliche Motivation für einen Amokläufer sei laut dem amerikanischen Polizeitaktik-Experten Ron Borsch eine möglichst hohe Opferzahl. Dieser Blutzoll steige durch die in großer Zahl zur Verfügung stehenden Waffen stetig an. Das Massaker auf der norwegischen Insel Utøya im Juli 2011 kostete schon 69 Menschen das Leben.

Identisch waren in all den genannten Fällen auch das allgemeine Entsetzen danach und die Forderungen, dass sich etwas ändern müsse. So wurde nach dem Amoklauf von Erfurt ein neues Jugendschutzgesetz verabschiedet, das Waffengesetz verschärft, das Thüringer Schulgesetz und etliche Landespolizeigesetze verändert. Eine Initiative entstand, die sich „Schrei nach Veränderung" nannte. Dieses Engagement ist lobenswert, hat aber einen Nachteil: Es versandet schnell. Ich möchte niemandem einen Vorwurf machen: Allein die Worte „Amoklauf", „Massaker" und „Massenmord" sorgen zuverlässig dafür, dass wir Menschen erst einmal die Ohren verschließen. Ob wir es wollen oder nicht – wir funktionieren nach dem Sankt-Florian-Prinzip. Der Volksmund hat es derb, aber ehrlich auf den Punkt gebracht: „Heiliger Sankt Florian! Verschon mein Haus, zünd andre an."

Mein Haus aber war nicht verschont geblieben. Und ich dachte darüber nach, was ich dafür tun konnte, dass in Zukunft die Häuser anderer Menschen nicht gefährdet würden.

Was macht einen Amoklauf möglich? Die Antwort liegt klar auf der Hand: Nur wer über Waffen verfügt, kann ein Massaker anrichten. Im Umkehrschluss heißt das, dass wir dafür sorgen müssen, dass potenzielle Täter in Zukunft nicht so einfach wie heute an Schusswaffen kommen, vor allem nicht an großkalibrige halbautomatische Waffen. Daneben steht noch eine weitere Frage im Raum: Was macht einen Menschen zum Amokläufer? Kann man hier Präventionsarbeit leisten? Sicherlich der schwierigste Punkt. Denn wer sieht hinein in die Köpfe der Menschen? Nach jedem Massaker heißt es: Niemals hätten wir gedacht, dass der so etwas machen würde! Der Täter war immer so höflich. Etwas schweigsam vielleicht, und ja, verschlossen, kaum zugänglich. Dennoch: Unvorstellbar, dass er solch eine Tat begangen hat. Schaut man allerdings genauer hin, gibt es Anzeichen, etwa in Tagebüchern und im Internet. Ausgeklügelte Mordpläne. Hasstiraden auf die ganze Welt. Fotos, auf denen schwarz gekleidete Menschen mit Waffen posieren. Merkwürdige Botschaften auf Kleidungsstücken, oft Kopien und Variationen des Satzes, den Pekka-Eric Auvinen, der Amokläufer an der finnischen Jokela-Highschool, auf seinem T-Shirt stehen hatte: „Humanity is overrated" – „Die Menschheit wird überschätzt".

„Ich, als ein natürlicher Sortierer, werde alle eliminieren, die sich als wertlos, als Blamage für die menschliche Rasse erweisen", schrieb Pekka-Eric Auvinen im Jahr 2007. Immer wieder stößt man bei Amokläufern auf diese Haltung: Sie verstehen sich als gottgleich und verweisen gleichzeitig darauf, dass sie nicht kriminell sind. Sie vertreten die Ansicht, dass die Mehrheit der Menschen kein Recht auf Leben hat.

Nach jedem Massaker verweisen Psychologen auf die schlecht oder gar nicht funktionierende Familie des Täters – das war auch bei Tim Kretschmer nicht anders. Auch dieser Umstand macht es nicht einfacher, Amokläufen vorzubeugen: Wenn Eltern wegschauen und ihre Fürsorgepflicht verletzen, können Lehrer an Schulen dieses Defizit nicht ausgleichen.

Es schockiert mich, wie Tims Vater scheinbar alle Warnsignale übersah. Sein Sohn plante, andere zu töten, und der Vater bekam nichts davon mit und wusste nichts Besseres, als ihn zum Schützenverein mitzunehmen, wo er im Umgang mit Waffen geschult wurde. Während des Prozesses wurde mir jeden Tag deutlicher, wie wenig Liebe es im Hause des Täters gegeben haben musste und wie gefühlskalt der Vater wohl war. In solchen Fällen wird es immer schwierig sein, erfolgreich von außen einzuwirken.

Schwierig, aber nicht unmöglich. Denn wer gleich zu Beginn aufgibt, hat schon verloren.

Das waren die Gedanken, die ich mir in meinen schlaflosen Nächten machte. Nach und nach entstand daraus ein Plan, den ich bis heute beharrlich verfolge: Ich setze mich für ein Verbot großkalibriger Kurzwaffen für Privatpersonen und ein Verbot von Faustfeuerwaffen in privaten Haushalten ein. Wir haben die Pflicht, durch vorbeugende Maßnahmen zu verhindern, dass noch einmal jemand eine solche Wahnsinnstat begeht. Darum müssen wir auch über Killerspiele reden, über Gewalt an Schulen, über den Jugendschutz im Internet und vieles mehr.

In der ersten Zeit nach Janas Tod dachte ich, das Nein zu großkalibrigen Kurzwaffen für Privatpersonen sei eine Sache, die jeder unterstützt. Anfänglich sah es auch so aus, schließlich haben die meisten Verantwortlichen selbst Kinder und wollen sie schützen. Dann kam die Waffenlobby aus der Deckung und kämpfte mit harten Bandagen um ihre Privilegien. Viele, die uns unterstützten, knickten ein. Dass ich trotzdem in der Lage war, allen Anfeindungen zu trotzen und manchmal sogar mehr als alles geben konnte, hat mich selbst überrascht.

Die Stiftung gegen Gewalt an Schulen – Wie alles anfing

Jacqueline Hahn
Ibrahim Halilaj
Franz Josef Just
Stefanie Tanja Kleisch
Michaela Köhler
Selina Marx
Nina Denise Mayer
Viktorija Minasenko
Nicole Elisabeth Nalepa
Denis Puljic
Chantal Schill
Jana Natascha Schober
Sabrina Schüle
Kristina Strobel
Sigurt Peter Gustav Wilk

Das sind die Namen der Menschen, deren Tod den damaligen Bundespräsidenten Horst Köhler dazu veranlasste, bei einer Veranstaltung zum ersten Jahrestag der Ereignisse in Winnenden unter anderem zu sagen: „Dieser Tag steht dafür, dass alles anders ist, als es vorher war ... Wir wollen uns sicher sein, dass wir alles, wirklich alles Menschenmögliche tun, um diese Gefahr so gering wie möglich zu halten."

Dieser Aussage müssen wir uns heute noch stellen. Wir müssen sie täglich auf ihren Wahrheitsgehalt überprüfen: Wird der Tod der Opfer nicht zu schnell vergessen? Drehen die Waffenlobbyisten die Uhr nicht viel zu schnell wieder zurück?

In den hektischen Tagen nach Janas Tod ließ sich diese Frage nur auf persönlicher Ebene beantworten. Vor jenem schwarzen Mittwoch kreisten meine Gedanken um all die wunderbar banalen Dinge, die ein glückliches Familienleben mit sich bringt: Das neue Familienauto, das ich kaufen wollte – würde es allen gefallen? Zu welchem Urlaubsziel würden wir darin aufbrechen? Nichts ist schöner, als über Alltagsdinge nachzudenken – das weiß ich aber erst, seit ich es nicht mehr kann.

Nach dem 11. März 2009 platzten diese schönen Gedanken wie eine Seifenblase. Alles stürzte über mir zusammen – auf einmal galt es, das Geschehene zu begreifen, ein Begräbnis zu organisieren, Janas Kleider und ihren Schulranzen zu finden, mit Aberhunderten Medienvertretern klarzukommen, die mich manchmal bis nach Hause verfolgten.

Zur Trauerfeier sagten sich der Bundespräsident an, die Kanzlerin, der Ministerpräsident, der Landesbischof und viele mehr. Wie alle anderen betroffenen Eltern hatte auch ich noch nie Umgang mit solchen Leuten gehabt. Nun zeigten uns alle ganz öffentlich ihre tiefe Betroffenheit, und viele von uns, die sich mit ihrer Trauer lieber still zurückgezogen hätten, sahen sich ins Rampenlicht gezerrt.

Irgendwie gelang es mir, in diesen Tagen den Blick nach vorn zu richten. Diese Entscheidungsträger, dachte ich, kommen nur einmal nach Winnenden und dann nie wieder. In der kühlen Einsamkeit des stillen Raums, in dem Jana leblos vor mir lag und ich mich dazu entschloss, mein Leben der Verhinderung weiterer derartiger Grausamkeiten zu widmen, schwor ich mir, alles Harte und Unangenehme, das mir auf meinem Weg begegnen würde, auszuhalten. Der Tag der Trauerfeier war der Beginn des Weges.

Sollte Annabell ihre Schwester noch einmal sehen? Diese Frage mussten wir beantworten. Die Seelsorgerin Rosemarie Gimbel-Rueß riet uns: „Es ist gut, wenn Annabell Jana sieht. Sie macht sich sonst immer weiter schreckliche Vorstellungen darüber, wie ihre Schwester aussieht."

Die Trauerfeier fand in der Karl-Borromäus-Kirche in Winnenden statt, die Toten waren im Festsaal des Landespsychiatrischen Krankenhauses aufgebahrt. Vielleicht war das der schrecklichste Moment für uns alle: unsere toten Kinder, die Lehrerinnen und weitere Opfer da liegen zu sehen. Sie waren hergerichtet worden, ansonsten wäre die Aufbahrung nicht möglich gewesen. Wochen später traf ich den dafür zuständigen Mitarbeiter des Beerdigungsinstitutes. Er war auch im Kosovo gewesen und hatte dort während des Kriegs Tote präpariert. Während er mir die Hand drückte, gestand er, dass er in Winnenden vor der schwierigsten Aufgabe seines Lebens gestanden habe. So entstellt waren die Leichen gewesen. „Das", sagte er, „habe ich selbst im Krieg nie gesehen."

Diesem Mann und seinen Kollegen verdanken wir, dass Annabell noch einmal die Hand ihrer Schwester ergreifen konnte. Sie haben möglich gemacht, dass sie sich in Würde von Jana verabschieden konnte.

Zu den größten Unternehmen in Winnenden zählt die weltweit operierende Alfred Kärcher GmbH & Co. KG. Die Firma mit über 7300 Mitarbeitern stellt Reinigungsgeräte her. Am Stammsitz gibt es eine große Kantine, und dort fand nach der Trauerfeier eine Zusammenkunft aller Gäste statt. Ich nutzte die Gelegenheit, um mit Frank Otfried July zu sprechen, dem Landesbischof der Evangelischen Landeskirche in Württemberg.

„Ich möchte eine Stiftung gründen", sagte ich rundheraus. „Werden Sie mich unterstützen?" Bis zu diesem Tag war ich nie näher mit dem Stiftungswesen in Berührung gekommen, doch während meiner Ausbildung hatte ich auch Vereinsrecht studiert. Das kam mir jetzt zugute. Im Grunde genommen geht es bei der Frage „Wählen wir als Grundlage unserer Arbeit einen Verein oder eine Stiftung?" darum, wie langfristig die Sache angelegt sein soll. Mir war früh klar geworden, dass wir unsere Ziele nicht in ein paar Monaten erreichen würden, nicht einmal in einigen Jahren. Ich wollte nicht wie die Erfurter Initiative Schrei nach Veränderung schon nach kurzer Zeit die begonnene Arbeit wieder einstellen müssen. Mir schwebte von Anfang an ein solides Fundament vor, etwas Einmaliges, das bleibt.

Stiftungen findet man oft dort, wo sich der Staat aus der Finanzierung gemeinnütziger Projekte zurückzieht. Seine Aufgabe wird von einer Stiftung übernommen. Dabei ist wichtig, dass das Stiftungsvermögen auf Dauer erhalten bleibt. Statistisch gesehen hat eine Stiftung eine Lebensdauer von 99 Jahren. Meine Ankündigung, eine Stiftung zu gründen, zeigte einem informierten Menschen wie dem Landesbischof also, dass es mir ernst war und ich langfristig plante. Frank Otfried July gefiel das. „Wir werden Sie unterstützen", antwortete er. „Mit wem sprechen Sie noch?"

In diesen hektischen Anfangstagen sprach ich mit allen. Die großen Firmen unserer Gegend wie Kärcher und Stihl, der Weltmarktführer in Sachen Geräte für Forstwirtschaft, Landschaftspflege und Bauwirtschaft, und auch die Daimler AG im benachbarten Stuttgart stellten ihre

Hilfe in Aussicht. Ich reagierte unerschrocken, wenn Manager und Geschäftsführer mich fragten: Wie viel Geld brauchen Sie? Mit Diagrammen, Kalkulationen und Statistiken bereitete ich mich auf diese Gespräche vor.

Um eine Stiftung auszustatten, braucht man laut Stiftungsrecht ein Vermögen, welches „ausreichend sein muss, den Zweck der Stiftung dauerhaft und nachhaltig aus den Erträgen des Vermögens verwirklichen zu können". Nimmt man den Taschenrechner zur Hand, muss man nicht lange tippen, um herauszufinden, dass bei den derzeitigen Zinsen ein Vermögen von 50 000 Euro nicht genügend Erträge für diesen Zweck abwirft. Trotzdem sind 50 000 Euro eine Menge Geld – auch für Firmen, die Jahr für Jahr Milliarden umsetzen.

Als ich ein paar Tage später im Büro von Hartmut Jenner, dem Vorsitzenden der Geschäftsführung von Kärcher, saß, hatte ich meine Zahl parat. „Ich brauche eine halbe Million", sagte ich, „denn ich will Folgendes erreichen…"

Dann zählte ich auf, welche Ziele die Stiftung verfolgen wird. Hartmut Jenner hörte sich alles an und schien immerhin so beeindruckt, dass er eine Unterstützung in Aussicht stellte. Als ich später wieder vorsprach, wurde ich erneut positiv beschieden, wenn auch nicht mehr so deutlich wie beim ersten Mal. Passiert ist danach allerdings nichts. Ich ließ nicht locker und sprach ein drittes Mal vor. An diesem Tag bekam ich eine Absage. Ähnlich erging es mir bei Daimler-Benz. Dort dauerte es von der mir als solcher verstandenen Zusage bis zur Absage ein halbes Jahr. Was die Rückzieher letztlich verursacht hat, wissen wir nicht. Öffentlich bekannt ist, dass beide Firmen über Tochtergesellschaften Geschäfte mit der Bundeswehr betreiben. Erklärte Waffengegner sehen anders aus.

Doch mir blieb keine Zeit, um lange zu grübeln. Ein Redakteur des Schweizer Fernsehens rief an. Er wollte wissen, ob ich bereit sei, an einer Talkrunde über das Thema „Gewalt an Schulen" teilzunehmen. Das war ich eigentlich nicht. Ich hatte noch nie vor einer Kamera gestanden, und der Gedanke daran gefiel mir nicht. Was würde passieren, wenn ich die Fassung verlor? Ich musste nur an Jana denken, schon schossen mir Tränen in die Augen. Wie sollte ich in diesem Zustand eine Livesendung im Fernsehen überstehen?

Auf der anderen Seite stand das Pflichtgefühl. Wenn du etwas ändern willst, sagte ich mir, wenn du es wirklich ernst meinst, musst du jetzt über deinen Schatten springen. Ohne die Öffentlichkeit kannst du die Sache vergessen. Ich telefonierte noch einmal mit dem Redakteur. Er zeigte viel Verständnis. „Wir zeichnen die Sendung um 17 Uhr auf und senden sie zwei Stunden später", beruhigte er mich. „Wenn wirklich etwas passiert, können wir noch etwas tun."

Später bin ich auch in echten Livesendungen aufgetreten, obwohl es mir bis zum heutigen Tag schwerfällt. Doch in diesem Augenblick war es eine große Erleichterung, dass sich die Schweizer für eine zeitversetzte Ausstrahlung entschieden hatten.

Ich wunderte mich nicht darüber, dass unsere Landesnachbarn schneller als das deutsche Fernsehen dieses Thema aufgriffen. Das Schweizer Waffengesetz sieht vor, dass Armeeangehörige ihr Sturmgewehr 90 zu Hause aufbewahren können. Zusammen mit anderen Waffen in Privatbesitz sorgt diese Bestimmung für die enorme Zahl von 4,5 Millionen Schusswaffen in einem Land mit 7,7 Millionen Einwohnern. Das Gesetz schreibt auch vor, dass Waffen und Munition getrennt gelagert sein müssen, doch nicht jeder befolgt diese Regel. In den Städten Zürich, Zug, Biel, Sankt Gallen, Genf und Bern kam es in den letzten Jahren zu tragischen Amokläufen, aber auch kleinere Orte wie Rivera im Tessin, Obfelden oder Escholzmatt bei Luzern blieben nicht verschont. In der Schweiz hat der vertraute Umgang mit der Waffe eine lange Tradition – noch vor 150 Jahren durfte ein Schweizer nicht heiraten, wenn er keine eigene Waffe besaß. Heute ist vor allem auch die Suizidrate in unserem Nachbarland erschreckend hoch. Die Selbsttötung ist der häufigste Anwendungszweck der Waffe im Haushalt, unmittelbar gefolgt vom Einsatz gegen die eigene Frau und die Kinder.

In der Talkrunde war ich nicht der einzige Teilnehmer, der von persönlichen Erfahrungen berichten konnte: Roland Näf musste das Massaker von Zug miterleben, als der Attentäter Friedrich Leibacher im Parlamentsgebäude drei Regierungsräte und elf Kantonsräte tötete. Außerdem verletzte er zahlreiche weitere Politiker sowie Journalisten. Leibacher war mit dem Sturmgewehr 90 bewaffnet gewesen, dazu einer Pistole SIG Sauer, einer Pumpgun, einem Revolver und einer Bombe. Auch er brachte sich am Ende um und hinterließ einen Abschiedsbrief mit dem Titel „Tag des Zorns für die Zuger Mafia".

Hier im Zürcher Fernsehstudio saßen zum ersten Mal Menschen zusammen, die alle die Absicht verfolgten, unser Leben sicherer zu machen. Wie aus Trotz gründeten sich zur selben Zeit im Internet die ersten Foren, die das Gegenteil im Sinn haben. Auch das war neu für mich: Wie viel blanker Hass sich in vielen Menschen aufgestaut hat, der nach einem Ventil sucht. In diesen Foren verbreiten sich Lügen und Gerüchte in rasender Geschwindigkeit. Schon kurz nach Janas Beerdigung hieß es: Hardy Schober will uns unsere Waffen wegnehmen.

Dagegen wollten einige seriöse Medien angehen. Kaum war ich wieder zu Hause, rief ein Lokaljournalist der Waiblinger Zeitung an.

„Maybrit Illner hat sich gemeldet", sagte er. „Könnten Sie sich ein Interview im ZDF vorstellen?"

Ohne meine Schweizer Erfahrung hätte ich rundheraus Nein gesagt. Und ganz frei von Bedenken war ich noch immer nicht. „Wo soll das Ganze denn stattfinden?"

Ich konnte mich nicht mit dem Gedanken anfreunden, kreuz und quer durch die Republik zu fahren, um Interviews über das Geschehene zu geben. Ich wollte in der Nähe meiner Familie sein. Der Journalist konnte mich beruhigen. „Die Aufzeichnung findet bei uns in der Redaktion der Waiblinger Zeitung statt."

Ich sagte zu.

Maybrit Illner versteht sich darauf, über den Tellerrand hinauszuschauen. Sie kann charmant sein, aber auch hartnäckig bleiben, wenn ihre politischen Gäste nicht recht zur Sache kommen wollen. In unserer Sendung war ihr der Schock über das Geschehene deutlich anzumerken. Immer wieder fragte sie, wie es mir ging oder wie unsere Familie den Alltag bewältigte. Sie war gut vorbereitet, kannte auch die Studien des FBI, die ergeben hatten, dass Massaker an Schulen vor allem durch den leichten Zugang zu Waffen bedingt sind. „Das sieht die Waffenlobby leider anders", sagte ich. „Sie argumentiert: Menschen töten andere Menschen, nicht Waffen." Wir sprachen über das Vorgehen der Waffenlobby – doch ich hatte in der Sendung noch ein anderes Anliegen: Ich wusste, dass Elena, ein Mädchen aus Janas Klasse, unter starken Schuldgefühlen litt, weil sie das Massaker überlebt hatte. Jetzt schämte sie sich, unsere Familie zu besuchen. Da ich annahm, dass viele Menschen in Winnenden vor dem Fernseher sitzen würden, nutzte ich spontan die Gelegenheit, Elena ein Gespräch anzubieten. „Du findest bei uns immer ein offenes Ohr", sagte ich in die Kamera. Schon am nächsten Tag stand Elena vor unserem Haus und fiel mir voller Freude um den Hals. Allein dafür hatte sich die Sendung gelohnt.

Bewusstseinswandel?

Ein Amoklauf stellt nicht nur das Leben der von ihm unmittelbar Betroffenen auf den Kopf. Er hat Auswirkungen auch auf weiter entfernte Menschen. Der Rems-Murr-Kreis, zu dem Winnenden gehört, hat 415 000 Einwohner. Darunter waren, so das Landratsamt in seiner Statistik, über 8500 Waffenbesitzer. Zwölf Monate später waren es noch 5610. Über 2500 Menschen hatten ihre Waffen freiwillig abgegeben – vom altertümlichen Familienerbstück bis zur modernen Maschinenpistole. Auch kiloweise Munition wurde bei den zuständigen Behörden abgeliefert. Kein Wunder, dass Landrat Johannes Fuchs begeistert war: „Wir erleben einen Bewusstseinswandel", meinte er. „Die Menschen sind sensibilisiert worden."

Leider sollte sich seine Vorhersage als falsch erweisen. Schon in Schorndorf, einer 25 Kilometer von Winnenden entfernten Stadt, wurden im Durchschnitt weniger Waffen und Waffenbesitzkarten zurückgegeben als in den Städten Waiblingen oder Fellbach, die näher liegen. Die Bereitschaft der Menschen, aus dem Unglück persönliche Konsequenzen zu ziehen, nahm also mit steigender Entfernung zum Tatort ab. Das zeigten auch die Kontrollen der Ordnungsämter: Bei über fünfzig Prozent der überprüften Waffenbesitzer wurden Mängel festgestellt. Mal konnte man eine gemeldete Waffe nicht finden. Mal gab es illegale Waffen im Haushalt. Häufig waren keine Waffenschränke vorhanden oder Waffen und Munition wurden nicht getrennt gelagert. Mitunter waren geladene Waffen offen zugänglich, so wie bei Jörg Kretschmer, dem Vater des Amokläufers.

Um Abgabewilligen die Entscheidung zu erleichtern, wurde bis Ende 2009 eine Amnestie gewährt: Wer eine illegale Waffe abgab, kam straffrei davon. So gesehen waren die 2500 Waffenbesitzer im Rems-Murr-Kreis, die mehr als 5600 Schusswaffen abgaben, zwar ein Erfolg. Aber insgesamt war diese Bilanz nicht mehr als ein Tropfen auf den heißen Stein.

Ich war in dieser Zeit weiter mit den Vorbereitungen zur Gründung unserer Stiftung beschäftigt. Drei Wochen nach dem Massaker hoben wir eine Selbsthilfegruppe aus der Taufe. Fast alle betroffenen Eltern waren mit dabei. Zunächst ging es darum, pragmatische Fragen zu besprechen – von „Wie gehe ich mit dem Versorgungsamt um?" bis hin zu „Können wir eine Kur beantragen?". Auch die Frage, ob der Vater des Attentäters sich seiner Verantwortung stellen musste, beschäftigte uns. Auf viele Fragen hatten wir keine Antworten. Also klemmte ich mich ans Telefon und fragte mich durch die Ämter. Hatte ich einen Menschen am Apparat, der helfen konnte und wollte, lud ich ihn zu uns ein. So kamen wir in Kontakt zu einem Abteilungsleiter des Versorgungsamtes, zu Seelsorgern, Psychologen und Rechtsanwälten.

Als Treffpunkt wählten wir mein kleines Büro. Dort gab es zwar nicht viel Platz, dafür aber Fax, Computer und Telefon. Das läutete eines Tages. Ein Ministerialbeamter vom Staatsministerium war am Apparat. „Es wird eine Expertenrunde geben, um die politischen Konsequenzen aus dem Amoklauf zu erörtern", sagte er. „Wollen Sie daran teilnehmen?"

Erste politische Reaktionen

Udo Andriof war Regierungspräsident des Regierungsbezirks Stuttgart gewesen. Nun sollte er mit anderen Politikern, Wissenschaftlern, Jugendschützern, Vertretern von Polizei, Feuerwehr, Jugendamt, Schulverwaltungsamt und Schulen im Auftrag der Landesregierung Vorschläge erarbeiten, wie das Risiko von Amokläufen verringert werden konnte. Auch wir, die unmittelbar Betroffenen, sollten gehört werden.

„Expertenkreis Amok" nannte sich die Andriof-Kommission. Ein halbes Jahr nach ihrer ersten Zusammenkunft legte sie ein Papier mit 83 Empfehlungen vor. Was da zu lesen war, weckte Hoffnung. „Die Verfügbarkeit von Waffen ist ein erheblicher Risikofaktor", stellte Udo Andriof in der anschließenden Pressekonferenz fest. Ebenso wie viele Studien weltweit war auch die Kommission zu dem Ergebnis gekommen, dass großkalibrige Waffen aus Privathaushalten verbannt werden müssen. Dies war eine klare Ansage, was als Nächstes zu geschehen hatte. Trotzdem ahnte Udo Andriof bereits, dass es dazu nicht kommen würde. „Eine sachliche Diskussion mit Schützen und Jägern ist, gelinde formuliert, nicht einfach", konstatierte er vor versammelter Presse.

Dass Andriofs Einschätzung zutraf, erfuhren wir in den darauffolgenden Jahren immer wieder von Neuem. Der Psychologe Thomas Weber, der sich intensiv mit Traumata befasst hat und die psychologische Nachsorge nach den

Amokläufen von Emsdetten und Winnenden leitete, formulierte es so: „Es ist schwierig, mit diesen Leuten umzugehen. Mit Sachargumenten kommt man überhaupt nicht weiter. Diejenigen, die ein Waffenverbot fordern, sind sofort die Bösen. Für diese Art Waffenbesitzer geht es immer darum: Ich muss mich verteidigen, ich muss kämpfen, ich brauche meine Waffen." Diese Waffenbesitzer nennen uns „Gutmenschen". Eine ihrer häufigsten Forderungen ist: Wir müssen diese Gutmenschen stoppen.

Nach dem 11. März 2009 nahmen Amokdrohungen drastisch zu. Immer wieder stellt die Ankündigung von Bluttaten Schüler, Schulleiter und Sicherheitskräfte vor große Herausforderungen. Wie zum Beispiel im Juli 2011, als sich bei der Schulleitung der Zinzendorfschulen in Königsfeld eine männliche Stimme meldete: „Internat beendet, ihr Hurensöhne, ich laufe Amok." Schulleiter Rainer Wittmann verständigte die Polizei. Einsatzkräfte durchsuchten die Schulräume, fehlende Schüler machten sich verdächtig. Eltern und Schüler kamen mit dem Schrecken davon.

Prof. Dr. Britta Bannenberg, Kriminologin an der Universität Gießen, kann mit erschreckenden Zahlen aufwarten: Allein in 2010 gab es 230 Amokdrohungen an deutschen Schulen. „Darunter sind aus dem Ruder gelaufene Scherze meist unreifer Jugendlicher", sagt sie. „Oder es sind aggressive, gewalttätige Jungen, oft Immigrantenjungen mit einem Problem mit Lehrerinnen. Oder es ist ein Angehöriger einer dritten Gruppe, die den angekündigten Amoklauf als Hilferuf einsetzt. Die davon ausgeht, wenn ich von Amok spreche, hört mir endlich mal einer zu." Die Professorin erstellte ein Täterprofil: Am gefährlichsten sind die sogenannten stummen Schüler. Sie sind sehr unauffällig; Eltern und Lehrer glauben, bei ihnen sei alles in Ordnung. Sie fallen nicht durch Aggressionen auf dem Schulhof aus dem Rahmen, sie nehmen keine Drogen, trinken keinen Alkohol. Sie kommen aus Familien mit stabilem bis gutem finanziellen Hintergrund. Die Mütter sind meist Hausfrauen.

In der Schule sind diese Schüler keine Mobbingopfer, auch wenn viele Täter davon in ihren Tagebüchern schreiben. Sie sind unangemessen kränkbar, erinnern sich über Jahre hinweg an den Tag, als sie nach vorne zur Tafel mussten und die richtige Antwort nicht kannten. Ihre Mitschüler beschreiben sie als „komische Einzelgänger". Sie besuchen meist nicht die Hauptschule, sondern die Realschule oder das Gymnasium. Sie sehen sich als Verlierer, als nicht zugehörig, haben Schwierigkeiten, mit Mädchen Kontakt aufzunehmen. Sie recherchieren im Internet, woran es liegen könnte, dass sie so anders sind. Ihre Zimmer sind dekoriert mit militärischen Symbolen, und sie haben Waffen. Dabei bedienen sie sich nicht auf dem illegalen Schusswaffenmarkt. Sie haben leichten Zugang zu Waffen, die zu Hause lagern. Sie sind Fans von Quentin Tarantino, lieben Filme wie „Natural Born Killer" und Rächerfiguren wie „The Crow". Sie sind körperlich meist untrainiert, planen jedoch ihre Taten akribisch genau. Der Täter von Ansbach schrieb in seinem Tagebuch: „Ich werde keine Militärkleidung tragen, um nicht im letzten Augenblick noch aufzufallen." Sie sind in Chats und Foren unterwegs und hinterlassen dort Spuren und Hinweise: „Ich habe mir das Mitleid abtrainiert", schrieb etwa der Ansbacher Täter.

Fällt den Eltern doch irgendwann auf, dass mit ihrem Sohn etwas nicht stimmt, lassen sie in der Regel den Gedanken nicht zu, dass er je gewalttätig werden könnte. Schaut man sich die Familien später genauer an, entdeckt man nahezu immer eine große Kälte, ein Nebeneinanderher-Existieren, kein echtes Familienleben.

Für die Eltern der Opfer war es unendlich schwer, die Erörterungen und Diskussionen mitzuverfolgen, die durch die Expertenrunden ausgelöst wurden. Immer wieder wurde dabei durchgekaut, was wir einfach am liebsten vergessen hätten. Etwa, wenn Experten sich darüber unterhielten, was geschieht, wenn großkalibrige Munition einen Kopf zerfetzt. Wenn um Waffenkontrollen gestritten wurde und Politiker des reichen Bundeslandes Baden-Württemberg händeringend beteuerten, dass dafür leider kein Geld da sei. Immer gingen diese Diskussionen an unsere Schmerzgrenze und oft weit darüber hinaus. Anlässlich der Trauerfeier formulierten wir einen offenen Brief an den Bundespräsidenten, die Bundeskanzlerin und den Ministerpräsidenten von Baden-Württemberg. Darin brachten wir unsere Gefühle zum Ausdruck: unsere Trauer, den Schmerz, die Hilflosigkeit, die Wut. Unterzeichnet wurde der Brief von den Familien Kleisch, Marx, Minasenko, Nalepa, Schober und Schweitzer, Familie Mayer kam später dazu, aus denen sich im Anschluss das Aktionsbündnis formierte.

Die Forderungen, die wir erhoben, waren natürlich politischer Art: Ein Verzicht auf großkalibrige Kurzwaffen im Schießsport. Ein Verbot von Killerspielen. Mehr Jugendschutz im Internet. Weniger Gewalt im Fernsehen. Für einige der betroffenen Opferfamilien waren diese Forderungen zu radikal. Sie brauchten all ihre Kraft dazu, mit dem, was ihnen widerfahren war, umzugehen. Wer will es ihnen verübeln? Wir anderen beschlossen, uns auf das zu konzentrieren, was auch die Andriof-Kommission forderte: Maßnahmen zur Verringerung des Risikos von Amokläufen.

83 Empfehlungen hat der Expertenkreis Amok am Ende seiner Arbeit ausgesprochen. Um es kurz zu machen: So gut wie keine davon ist bis heute umgesetzt worden.

Wer sich genauer anschaut, warum das so ist, erhält ein Lehrstück in Sachen politischer Lobbyismus. Ich musste erst lernen, wie einfach es ist, Dinge zu zerreden, bis nichts mehr davon übrig bleibt.

Im April 2009 setzte die Landesregierung ihren Sonderausschuss „Konsequenzen aus dem Amoklauf in Winnenden und Wendlingen: Jugendgefährdung und Jugendgewalt" ein. Er bestand aus achtzehn Mitgliedern aller Fraktionen, geführt von der damaligen Regierungskoalition aus CDU und FDP. Dieser Ausschuss sollte nun aus den Empfehlungen der Andriof-Kommission einen „Arbeitsauftrag an die Landesregierung" formulieren. Fleißig ging er ans Werk: 881 Seiten stark war sein Abschlussbericht, den der Vorsitzende, der CDU-Landtagsabgeordnete Christoph Palm, in einem Satz zusammenfasste: „Es gibt keinen Königsweg."

Genau so las sich der Bericht dann auch: reichlich Ungefähres, nichts Greifbares, nichts Handfestes. Landauf, landab titelten die Zeitungen: „CDU und FDP knicken ein vor Lobbyisten". Der Waffenlobby war es tatsächlich gelungen, dass von den 83 konkreten Forderungen der Andriof-Kommission nichts Substanzielles mehr übrig blieb. Die Andriof-Kommission hatte in ihrem Bericht festgehalten: „Interessenvertreter von Verbänden haben nach dem 11. März 2009 durch Lobbyarbeit zum Teil massiv versucht, Verschärfungen des Waffenrechts zu verhindern. Auf einzelne Mitglieder des Expertenkreises, sogar auf Opferangehörige, wurde in diesem Zusammenhang Druck ausgeübt, der als sehr bedrohlich empfunden wurde." Im Bericht des Sonderausschusses war dann umgekehrt zu lesen: Problematisch ist, dass derzeit über eine hochgradig diffamierende Behandlung von Schülern durch Mitschüler und Lehrkräfte berichtet wird, deren Eltern bzw. sie selbst in Schützenvereinen aktiv engagiert sind." Auf einmal waren die Schützen das Opfer. So etwas nennt man erfolgreiche Lobbyarbeit.

Heute weiß ich: Diese Verdrehung der Tatsachen war meine Feuertaufe. Danach wusste ich, wie Politik funktioniert. Und mir war klar: Um ein Rückgrat zu entwickeln, muss man es auch benutzen.

Wir beginnen uns zu organisieren

Bis zu diesem Tag hatte ich, wie viele andere Menschen auch, in meinem Leben kaum etwas strategisch geplant. Mein bisheriges Leben war wie viele andere verlaufen: Eines bedingt das andere, eines kommt zum anderen. Strategisch zu agieren erfordert klare Ziele. „Eine strategische Vision ist ein klares Bild von dem, was man erreichen will" – so hat es der amerikanische Zukunftsforscher John Naisbitt formuliert. Die Repräsentanten der Waffenlobby hatten dieses klare Bild von Anfang an: „Wir wollen unsere Waffen behalten, ganz gleich, ob klein- oder großkalibrig. Nichts darf sich ändern." Wollte ich mit meinen Zielen Erfolg haben, musste ich ebenfalls eine Strategie entwerfen. Dann musste ich etwas tun, was ich nie zuvor getan hatte.

In unserer Selbsthilfegruppe dachten wir darüber nach, welche Ziele wir kurzfristig erreichen konnten, welche mittelfristig und welche langfristig. Das war neu – bis dahin hatten wir in erster Linie Aktionismus an den Tag gelegt. Rückblickend kann ich allen, die in unserer Gesellschaft etwas ändern möchten, nur empfehlen, einen genaueren Blick auf ihre Ziele zu werfen. Anderenfalls riskiert man immer neue Frustrationen, weil Zweifler, Nörgler und Bremser erfahrungsgemäß rasch dafür sorgen, dass alles beim Alten bleibt. Mithilfe unserer neu erstellten Prioritätenliste hingegen konnten wir immerhin einige Erfolge einfahren, die uns motivierten dranzubleiben. Schließlich arbeiteten wir alle am Limit: Neben unserem Engagement hatten wir alle noch mit der persönlichen Trauer umzugehen.

Ich erinnerte mich an die Worte von Professor Arand, der mit seinem Ärztestab versuchte hatte, Janas Leben zu retten. Nach ihrem Tod brauchten Angehörige seines Teams psychologische Betreuung, weil ihnen Janas Tod so nahe gegangen war. Deshalb gründeten wir zunächst einen Arbeitskreis, um die Menschen zu betreuen, die direkt und indirekt vom Amoklauf betroffen waren. Dazu gehörten die Angehörigen, aber auch Schüler und Schülerinnen der Albertville-Realschule sowie Lehrer, Polizisten, Rettungskräfte. Wir brachten sie mit Seelsorgern und Psychologen zusammen. Immer mehr entwickelte ich dabei das Gefühl, etwas dazu beitragen zu können, dass andere Menschen wieder aufgerichtet wurden.

Auch was den Umgang mit den Medien anging, änderten wir unsere Strategie. Ab sofort, so beschlossen wir, würde keiner von uns mehr alleine zu einem Pressetermin gehen. Da niemand diesen Teil der Arbeit gerne übernahm, war es ein Glücksfall, dass Gisela Mayer zu unserem Kreis stieß. Ihre 24-jährige Tochter Nina hatte als Referendarin an der Albertville-Realschule gearbeitet. Als Gisela Mayer am 11. März 2009 vor der Schule eintraf, wollte ihr niemand mitteilen, was geschehen war.

„Man redete so lange herum, bis ich endlich die Todesbotschaft zwischen den Zeilen kapiert hatte", erzählte sie später. „Als ich dann zu Nina wollte, log man mich an." Es hieß, man habe ihre Tochter bereits fortgebracht. Tatsächlich lag Ninas Leichnam stundenlang auf dem Steinboden der Schule, schutzlos allen Blicken preisgegeben.

Als sie dies erfuhr, starb für Gisela ihre Tochter zum zweiten Mal. Wochen nach dem Amoklauf blickte sie exakt auf die Stelle, an der Nina erschossen worden war, und für sie stand in diesem Moment fest: Ich muss mich engagieren.

Da hatte eine Zeitung schon ohne ihr Wissen ein privates Foto von Nina veröffentlicht, das aus dem Privatbesitz der jüngeren Schwester gestohlen worden war. Dieser Vorfall brachte Gisela dazu, sich kritisch mit den Medien auseinanderzusetzen. Als der Hessische Rundfunk uns in die Talkshow „Stadtgespräch" einlud, erklärte Gisela sich bereit, aktiv an der Gesprächsrunde teilzunehmen. So konnte ich im Publikum Platz nehmen.

Mittlerweile hatte sich die Waffenlobby bereits formiert. Neben Gisela und dem Moderator Alois Thesen saßen der hessische Innenminister Jörg-Uwe Hahn von der FDP, Klaus Seeger, der Präsident des Hessischen Schützenverbandes, Christian Pfeiffer, Direktor des Kriminologischen Forschungsinstituts Niedersachsen, und Dieter Wiefelspütz, innenpolitischer Sprecher der SPD-Bundestagsfraktion.

Das Publikum bestand vor allem aus Schützen. Als ich mich setzte, hörte ich sie tuscheln. „Ist das nicht der Schober?" – „Ja. Seht ihn euch genau an."

Die Diskussion verlief ebenso feindselig wie einseitig. Gisela stand allein gegen alle anderen, denn auch der Innenminister schlug sich auf die Seite der Lobby.

Beim Hessischen Rundfunk bekamen wir einen Vorgeschmack auf das, was noch auf uns zukommen würde. Gegen Ende der Talkshow rangen Gisela und ich um Fassung. Uns schien es, als seien wir nach Meinung der Mehrzahl der Anwesenden selbst schuld an unserer Situation – so, als seien wir die Täter und die Schützen die Opfer. Ich musste mich gehörig zusammenreißen, damit der Zorn mich nicht überwältigte. Doch dann geschah etwas, was später noch häufig passieren sollte: Am Ausgang hielt mich ein Mann zurück. „Es tut mir leid, was passiert ist, Herr Schober", sagte er und reichte mir eine Beileidskarte. „Ich bin Mitglied eines Schützenvereins, wie auch meine Frau und meine Kinder. Das ist bei uns Tradition. Aber ich kann Ihnen versichern, wir Schützen sind nicht alle so, wie Sie es heute in der Diskussion erlebt haben."

Als Gisela und ich in derselben Nacht zurück nach Winnenden fuhren, sprachen wir über den Verlauf des Abends. Vor allem die Aussage dieses Mannes hatte Eindruck auf uns gemacht. Damals wussten wir noch nicht, wie viele Schützen gerne unseren Forderungen nachkommen würden. Viele würden ihre Gewehre in Schützenhäusern lagern, gäbe es die Möglichkeit dazu. Viele sehen ebenfalls keinen Sinn in großkalibrigen Waffen. Sie wollen nur ihren Sport ausüben, mit kleinkalibrigen Waffen in der olympischen Tradition.

Wir ahnten zu dieser Zeit auch nicht, wie oft uns Angehörige von Schützen um Hilfe bitten würden. In der Regel waren es Ehefrauen, die uns schrieben oder anriefen. „Heute hat er wieder die Pistole auf den Tisch gelegt", erzählte eine Frau. „Er sagte: ‚Wenn du nicht machst, was ich will, bringt dich diese Waffe um.' Was soll ich tun?"

Auch viele ehemalige Schützen nahmen Kontakt mit uns auf. Ihre Aussagen ähnelten sich: Es sei gefährlich in Deutschland, schrieben sie. Jeder dritte Schütze habe zu Hause eine illegale Waffe liegen.

Am allerwenigsten ahnte ich damals, wie häufig ich noch Äußerungen wie „Ja, das ist der Schober. Seht ihn euch genau an" zu hören bekommen würde. Für viele Waffennarren in diesem Land wurde ich zum willkommenen Feindbild. Aus dem „Seht ihn euch genau an" wurden irgendwann konkrete Drohungen gegen mein Leben. Ulrike stand schlimme Ängste aus. Benachrichtigte ich hin und wieder die Polizei, zuckten die Beamten mit den Schultern. „Schön ist das nicht", sagten sie. „Aber tun können wir dagegen nichts."

Offenbar funktionierte in Deutschland manches anders, als ich bislang geglaubt hatte.

„Großkaliber schießen – das ist, als würden Sie einen Rennwagen fahren"

Die Anrufe der Fernsehsender rissen nicht ab. „Amoklauf" war plötzlich ein Thema, das Quote brachte. So sehe ich es heute, seit mir klar wurde, wie die Fernsehleute denken. Damals war ich der Ansicht, dass unsere Arbeitsgruppe präsent sein musste, um nicht der Waffenlobby alleine die Bühne zu überlassen.

Als der Mitteldeutsche Rundfunk uns nach Magdeburg einlud, war ich über die Gästeliste nicht überrascht. Wolfgang Bosbach, damals Stellvertretender Vorsitzender der CDU/CSU-Bundestagsfraktion und Vorsitzender des Innenausschusses des Bundestags, saß ebenso in der Talkrunde wie der Vizepräsident des Deutschen Schützenbundes Jürgen Kohlheim. In vielen Dingen waren sich der Politiker und der Schützenpräsident einig. Sie lehnten ein Verbot von Schusswaffen in Privatwohnungen ab. Außerdem seien Sportschützen und Jäger finanziell nicht in der Lage, zentrale Waffenarsenale für die sieben bis zehn Millionen legaler Waffen zu schaffen. Wieder einmal sollte das liebe Geld schuld sein, dass nichts passierte. Inzwischen war ich aber auf seltsame Rechtfertigungen vorbereitet.

„Für einen Waffenschrank zu Hause muss jeder Schütze 500 Euro hinblättern", rechnete ich vor. „Bei einem Schützenverein mit durchschnittlich 100 Mitgliedern bekommen Sie für die Summe von 50000 Euro einen Tresor, der allen Sicherheitsbestimmungen entspricht." Für einen Moment waren Bosbach und Kohlheim verblüfft. Gute Argumente hatten sie nicht erwartet. Dann gingen sie wieder in die Offensive. Man solle sich doch einmal vorstellen, was passieren könne, wenn ein Schützenverein überfallen werde. Mit den erbeuteten Waffen könnten die Täter eine Privatarmee ausrüsten. Schon war ich wieder in den Rolle desjenigen, der Forderungen aufstellt, ohne nachzudenken. Und dies, obwohl die Aussage, dass der Waffenbestand eines Schützenvereins ausreichen würde, um eine Privatarmee auszurüsten, durchaus auch Anlass zum Kopfschütteln geben könnte. Doch ich musste lernen, dass Argumente nichts nützen, wenn es keinen Willen zur Veränderung gibt.

Auch am Ende dieser Veranstaltung kam ein Mann auf mich zu. „Ich bin achtzig Jahre alt", sagte er, „und seit sechzig Jahren Schütze." Er zog ein altes Schlüsselmäppchen aus der Tasche. „Darin habe ich die Schlüssel zu meinem Waffentresor. Ich trage sie Tag und Nacht bei mir."

Wir unterhielten uns über die verschiedenen Arten von Waffen. „Uns geht es nicht um die Langwaffen", wiederholte ich. „Aber wir haben etwas gegen Kurzwaffen und gegen 30-Schuss-Magazine, mit denen ein Attentäter schnell und ohne nachzuladen viele Menschen töten kann. Außerdem lässt sich eine Langwaffe nicht einfach so im Rucksack in die Schule einschmuggeln. Gewehre fallen auf, Pistolen nicht."

Der alte Mann verstand. „Kein Mensch braucht im Schießsport großkalibrige Kurzwaffen", meinte er. „Die sind bei Olympia gar nicht zugelassen."

Später sagte mir ein anderer Schütze die ganze Wahrheit: „Wissen Sie, Herr Schober, weshalb wir gerne Großkaliber schießen? Weil sich das anfühlt wie eine Rennmaschine. Dagegen ist Kleinkaliberschießen wie Mofa fahren."

Ich verstand: Die Waffenlobby kämpfte dafür, dass ihre Mitglieder nicht Mofa fahren mussten.

„Wer nicht für uns ist, ist gegen uns"

Das Telefon klingelte, und ich hob ab.

„Ich kann Ihnen meinen Namen nicht nennen", sagte der Mann am anderen Ende der Leitung. „Aber ich bin der Pressesprecher eines großen Schützenvereins." Er machte eine Pause. „Vielmehr, das war ich", fuhr er fort.

„Und was kann ich für Sie tun?"

„Nichts." Wieder eine Pause. „Aber Sie sollten wissen, dass ich im Namen unseres Vereins eine Kondolenzanzeige geschaltet habe. Das hat unseren Mitgliedern nicht gefallen. Jetzt habe ich ein Vereinsausschlussverfahren am Hals." Seine Stimme klang, als wolle er es selbst nicht glauben. „Leute aus meinem eigenen Verein habe mich mit der Waffe bedroht."

Für einen Augenblick herrschte Schweigen. Ich wusste nicht, was ich sagen sollte. „Warum erzählen Sie mir das alles?", fragte ich schließlich.

„Damit Sie wissen, mit wem Sie sich anlegen", sagte er. „Wer nicht für uns ist, ist gegen uns. Das erfahre ich gerade am eigenen Leib."

Es ist immer merkwürdig, wenn uns Schützen oder Angehörige von Schützen kontaktieren. Weil sie Angst haben, weil sie unter Druck gesetzt werden, weil man sie bedroht. Noch seltsamer wird es, wenn wir diese Leute trösten müssen. Oder sogar Hilfe leisten. So wie ein paar Monate nach dem Attentat, als ein Jäger bei mir anrief. „Sie können sich nicht vorstellen, was gerade passiert ist", begann er.

Doch, dachte ich. So langsam kann ich mir bei eurer Zunft eine ganze Menge vorstellen. Wenn Waffen im Spiel sind, kann alles passieren. Doch ich schwieg und hörte zu.

„Ich habe ein Problem mit einem Jagdkollegen", fuhr der Anrufer fort. „Er ist Bürgermeister und Vorstand unserer Jägergilde. Jeder weiß, dass der Mann gerne einen über den Durst trinkt. Neulich fuhr er besoffen über mein Grundstück und richtete eine Menge Schaden an. Da habe ich ihn angezeigt. Es kam zu einem Ermittlungsverfahren. Daraufhin sagte er zu mir: ‚Jetzt bist du dran. Bei der nächsten Jagd bist du dran.' Was soll ich bloß tun?"

Ich musste erst einmal schlucken. „Sie wissen schon, mit wem Sie verbunden sind?", fragte ich vorsichtig.

„Ja, klar. Sie sind gegen Waffen."

„Und Sie wissen auch, weshalb?"

Auch das wusste der Jäger. Aber er sei verzweifelt. Der Polizeiposten im Ort sei ebenfalls in der Hand des Bürgermeisters. Er sagte, er fürchte um sein Leben. „Bei der nächsten Jagd trifft es nicht die Sau, sondern mich, hat der Bürgermeister gesagt."

Durch die Mitarbeit in der Andriof-Kommission besaß ich mittlerweile einen Ordner voll nützlicher Adressen. „Ich gebe Ihnen die Telefonnummer Ihres Verbandsvorstandes", sagte ich. „Der muss mit dem Bürgermeister sprechen."

Der Mann war erleichtert und bedankte sich zweimal. Ich dagegen war eine ganze Zeit lang fassungslos, nachdem ich den Hörer aufgelegt hatte. In welcher Welt leben wir eigentlich?, fragte ich mich. Ganz offenbar brachte der Amoklauf von Winnenden allerlei Probleme ans Tageslicht, die in den letzten Jahrzehnten totgeschwiegen worden waren. Umso wichtiger war es, dass wir Flagge zeigten. Das taten wir auch und verstärkten unsere Aktivitäten. So trugen wir unsere Anliegen bei einer Betriebsversammlung von Daimler vor. Danach schrieben wir die Elternvertreter sämtlicher Schulen in Baden-Württemberg an. Anschließend wandten wir uns an die Kirchengemeinden im Land. Irgendwann merkte ich, dass ich rund um die Uhr im Einsatz war. Es war mir recht. Wer viel zu tun hat, kommt nicht ins Grübeln.

Geplant war auch ein Auftritt beim Landeskinderturnfest in Schwäbisch Gmünd. Die 60 000-Einwohner-Stadt bei den Drei Kaiserbergen liegt knapp fünfzig Kilometer von Winnenden entfernt. Tausende junge Menschen wurden erwartet. Wir wollten mehrere Tage vor Ort sein und besorgten uns ein kleines Zelt für unseren Infostand. Wir ließen T-Shirts drucken und stellten Ansteck-Buttons her. Als wir in Schwäbisch Gmünd von Interessenten umlagert waren, wurde mir zum ersten Mal wirklich deutlich, dass wir eine Stimme waren. Sich in Fernsehtalkshows mit Vertretern der Waffenlobby zu streiten, war eine Sache. Doch vor Ort mit Menschen zu sprechen, eine andere. Hier spürten wir, dass wir nicht auf verlorenem Posten kämpften. Die Leute waren auf unserer Seite. Sie waren Teil einer stillen Mehrheit, die wir aufgrund der überlauten Minderheit noch gar nicht gehört hatten. Doch es gab Tausende von Eltern voller Angst um ihre Kinder, die keinerlei Verständnis für die Argumente der Waffenlobby zeigten.

„Das Gesetz verbietet Waffen in Privathaushalten", sagte ein Passant, der Anwalt war. „Die sieben Millionen Waffen dort sind alle nur Ausnahmen von diesem Gesetz. Das muss man sich mal klarmachen."

Wir nickten und versprachen, weiter für die Sache zu kämpfen. „Gut, dass Sie das tun", hörten wir. Schade nur, dass immer erst eine unfassbare Tragödie geschehen muss, damit wir nachdenklich werden.

Nach Schwäbisch Gmünd beteiligten wir uns am Stuttgarter Zeitung-Lauf. 20 000 Läufer und Zigtausende Zuschauer machen dieses Ereignis zu einem der größten Sportevents der Landeshauptstadt. An Tagen wie diesen redete ich mehr als in allen Jahren meines Lebens zuvor. Der Wissensdurst der Leute war enorm. Es berührte mich, wenn Männer und Frauen ganz offen über ihre Furcht sprachen, ihre Kinder in die Schule zu schicken.

„Sollte das nicht die erste Aufgabe des Staates sein?", fragte eine Frau. „Zu garantieren, dass unsere Kinder heil nach Hause kommen?"

Ich reichte ihr unsere Liste. „Wenn Sie hier unterschreiben, bringen Sie Ihren Wunsch zum Ausdruck, dass großkalibrige Waffen verboten werden."

Sie nahm den Stift und setzte ihre Unterschrift auf die Liste. „Jetzt hole ich meinen Mann. Er hat auch Angst um unseren Sohn."

Eben legte ich die Liste zurück auf den Tisch, als ich eine mir bekannte Stimme hörte. „Na so was, Hardy. Was machst du denn hier?"

Als ich in Fellbach lebte, hatte ich in einem der örtlichen Fitnessstudios trainiert. Der Mann, der jetzt vor mir stand, war ebenfalls dort gewesen. Seither hatten wir uns nicht mehr gesehen.

„Wir sammeln Unterschriften gegen Waffen …", begann ich.

Er unterbrach mich lachend. „Da bist du bei mir an der falschen Adresse. Ich habe jede Menge davon zu Hause."

In meinem früheren Leben war ich nie so direkt gewesen wie jetzt, in diesem Augenblick. Seit Janas Tod hatte sich etwas verändert. Als hätte ich keine Zeit mehr für unnötiges Blabla. „Jana ist mit einer Waffe, wie du sie zu Hause hast, getötet worden."

Mein ehemaliger Sportkamerad riss die Augen auf.

„Dann ist sie … bist du …" Er brachte den Satz nicht heraus.

„Ja", sagte ich. „Jana kam beim Amoklauf ums Leben."

„Oh Gott. Das tut mir leid."

Wie oft hatte ich diese Worte in den letzten Wochen gehört? Mir tut es leid. Uns tut es leid. Allen tut es leid. Doch meinem Bekannten schien die Nachricht wirklich an die Nieren zu gehen.

„Ich bin gerade Vater einer Tochter geworden", sagte er. „Ich stelle mir vor, wenn das mir passiert wäre …"

„Willst du etwas dafür tun, es zu verhindern?", fragte ich und reichte ihm die Liste. Er nahm den Stift und unterschrieb.

„Deine Waffen zu Hause … kannst du das als frischgebackener Papa verantworten?"

Mein Bekannter senkte den Blick und gab keine Antwort. Dann hatte er es auf einmal sehr eilig. Seit jenem Tag habe ich ihn nicht mehr wiedergesehen. Ob seine Tochter mit Waffen aufwächst oder nicht, weiß ich nicht.

Wirklich eine Frage
des Geldes?

Nach dem Massaker auf der norwegischen Insel Utøya im Juli 2011 begann in Deutschland erneut die Diskussion um eine Verschärfung des Waffenrechts. Seither hat die Waffenlobby wieder alle Hände voll zu tun. Doch spult sie ihre Aufgabe routiniert ab. Gebetsmühlenartig werden alle alten Argumente wiederholt. Hartfrid Wolff, in diesen Tagen stellvertretender FDP-Vorsitzender in Baden-Württemberg, sprach von „politischer Trittbrettfahrerei", die er „beschämend" nannte. Tatsächlich aber ist nur beschämend, sich gegen alle guten Argumente taub zu stellen.

Wieder einmal waren sich Lobbyisten, Schützenverbände, Bundesinnenministerium und Bundesjustizministerium einig: Es gibt keinerlei Anlass für Konsequenzen. Warum sind Politiker so?, frage ich mich immer wieder. Die naheliegendste Antwort: Sie wollen ihre Wähler nicht vertreiben. Sie interpretieren die Lautstärke der Waffenlobby als Indiz dafür, dass die Waffenbefürworter in der Mehrheit sind. Klüger wäre es, die Meinung der Stillen im Lande zu berücksichtigen, die die wahre Mehrheit bilden.

Natürlich gab es nach dem Amoklauf von Winnenden eine Änderung des Waffenrechts. Die gab es auch nach dem Massaker von Erfurt. Alles andere wäre dem Wahlvolk nicht zu verkaufen gewesen. Doch die erfolgreiche Arbeit der Waffenlobby verhindert, dass dieses Recht angewendet wird.

Nehmen wir einen durchschnittlichen Landkreis wie den Ortenaukreis in Deutschlands Südwesten. Hier leben 417 000 Menschen, davon 5938 Waffenbesitzer. Ihnen gehören 24 000 Waffen. Damit kommt auf 17 Personen eine Waffe. Seit Winnenden ist auch das Ortenauer Landratsamt dazu verpflichtet, die „sichere und gesetzeskonforme Aufbewahrung" dieser Waffen zu kontrollieren. Während ich diese Zeilen schreibe, musste Kreisdezernent Michael Loritz auf Anfrage der Mittelbadischen Presse zugeben, dass dies keinesfalls geschieht.

„Wir sind noch dabei, das abzuarbeiten", sagte er der Zeitung. Allerdings könne es ein weiteres Jahr, eventuell. auch länger dauern, bis jeder Waffen-Aufbewahrungsort unter die Lupe genommen worden sei. Hier ist die Rede von ganz normalen, im Vorfeld angekündigten Waffenkontrollen. Jeder Waffenbesitzer bekommt genügend Zeit, dafür zu sorgen, dass bei ihm zu Hause alles in Ordnung ist. Und da nur die wenigsten so dumm sind, illegal erworbene Waffen herumliegen zu lassen, wenn binnen Kurzem eine Kontrolle ansteht, gibt es seitens der Kontrolleure im Allgemeinen wenig zu beanstanden. Verabschiedet sich der Kontrolleur, holt man die Waffen wieder aus dem Tresor. Das ist zwar lästig, aber wenn es sein muss, muss es eben sein.

Ganz anders sähe die Sache aus, wenn die Kontrolleure ohne Ankündigung anrücken würden. An dieser Forderung kam nach Winnenden die Bundesregierung nicht mehr vorbei. Die „verdachtsunabhängige Kontrolle" wurde im September 2009 gegen heftigen Widerstand der Waffenlobby im Gesetz verankert. Doch kein Waffenbesitzer muss seither in Angst und Schrecken leben. Denn unangemeldete Kontrollen wurden im Ortenaukreis bisher kein einziges Mal durchgeführt. Und auch in keinem anderen Landkreis. „Wir bräuchten mehr Personal", beklagte Kreisdezernent Michael Loritz gegenüber der Mittelbadischen Presse. Und weil man dieses Personal nicht hat, legt man eben die Hände in den Schoß.

Was lernen wir daraus? Man kann ein Gesetz ändern, um die Gemüter zu beruhigen. Aber man kann auch alles dafür tun, dass es nicht angewendet wird.

Nach Erfurt, Winnenden und dem Amoklauf von Lörrach im September 2010, als eine ausgebildete Schützin mit legal erworbener Waffe zwei Menschen tötete, fragte Rüdiger Klausmann in der Mittelbadischen Presse: „Wie oft müssen sich solche Szenarien eigentlich noch wiederholen, damit aus diesen Dramen echte Lehren gezogen werden?" Und mit resigniertem Unterton fügte er hinzu: „Die bisherigen Gesetzesänderungen haben mit einer Verschärfung des Waffenrechts so viel zu tun wie Griechenland mit einer soliden Haushaltspolitik."

Bis heute ist es dem Gesetzgeber nicht gelungen, Großkaliberwaffen aus dem Schießsport zu verbannen. Bis heute ist er nicht in der Lage, dafür zu sorgen, dass Faustfeuerwaffen aus Privathaushalten verschwinden. „Dabei gibt es keinen einzigen einleuchtenden Grund, warum jemand eine Waffe zu Hause aufbewahren muss", schrieb Klausmann weiter. Und legte den Finger in die Wunde: „2009 ist als Reaktion auf Winnenden die verdachtsunabhängige Behördenprüfung verabschiedet worden – und noch immer wurde in der Ortenau kein einziger Waffenbesitzer ohne vorherigen Verdacht kontrolliert." Deshalb verlangt er, dass endlich „Schluss ist mit dem Anbiedern an die Waffenlobby. Sportwaffen müssen sicher und zentral in Schützenhäusern untergebracht werden und nicht zu

Hause." Natürlich spricht mir das aus der Seele. Mir und vielen vernünftigen Menschen in unserem Land. Warum also passiert nichts? Schließlich freut sich der Finanzminister auf satte 247,4 Steuermilliarden im Bundeshaushalt 2012. Wie oft lässt sich die Phrase, es sei kein Geld vorhanden, um die Einhaltung unserer eigenen Gesetze zu kontrollieren, noch wiederholen? Immerhin ist Vater Staat in vielen anderen Bereichen seinen Bürgern gegenüber nicht so vertrauensselig. Das macht uns irgendwie misstrauisch.

Aktion, nicht Reaktion

Irgendwo geschieht ein Unglück, und die Politik reagiert. Ein Kernkraftwerk leckt, deshalb steigen wir aus der Atomkraft aus. Auch Politiker, die eigentlich vom Gegenteil überzeugt sind, sagen nun plötzlich: Wir steigen aus. Warum? Weil sie mit Grausen an die nächste Wahl denken.

„Der Missbrauch legaler Waffen hat inzwischen mehr Opfer gekostet als der Terror der RAF. Doch die Politik ist erstarrt in Furcht vor der Waffenlobby und vor dem Ärger mit den Schützenvereinen im Wahlkreis", stellte die Süddeutsche Zeitung am 21. September 2010 fest. Was kann ein Berufspolitiker tun, wenn er abgewählt wird? Muss er stempeln gehen? Ist es da nicht weniger schmerzhaft, schnell die eigene Meinung zu ändern? Das Fähnchen in den Wind zu hängen? Wer weiß denn schon, was in ein paar Jahren geschieht? Gut möglich, dass dann alles wieder ganz anders aussieht. Als Politiker muss man geschmeidig, wendig und flexibel sein. „Was kümmert mich mein Geschwätz von gestern", soll schon der erste deutsche Bundeskanzler Konrad Adenauer gesagt haben.

Unser Aktionsbündnis ist anders. Wir sind keine Politiker. Wir warten nicht erst darauf, dass wieder etwas passiert. Wir agieren jetzt und heute. Wir stehen zu unserer Meinung und wir ändern sie nicht. Wir sind verlässlich, und das tut vielen Menschen gut. Unsere Forderungen sind so unumstößlich wie die Fakten zum Missbrauch legaler Waffen. Allein von Januar bis Juni 2009 wurden in Deutschland 24 Menschen mit Sportwaffen getötet. 2010 starben zehn unschuldige Menschen. Die ersten drei Monate des Jahres 2011 sahen vier Tote.

Das Risiko beim Autofahren sei höher, erwidert die Waffenlobby. Jürgen Kohlheim, Vizepräsident des Deutschen Schützenbundes, zitierte in der Zeitung Die Welt lapidar Winston Churchill: „Traue keiner Statistik, die du nicht selbst gefälscht hast."

Doch allein mit Zynismus kann man diesen Zahlen nicht länger begegnen. Viel eher muss man der Frage nachgehen: Was macht einen Menschen zum Amokläufer?

Gisela Mayer sagte dazu ganz richtig: „Auch Tim Kretschmer wurde nicht als Amokläufer geboren. Er war ein Kind wie jedes andere Kind. Er war einer von uns. Wieso wurde er zum Mörder?"

Eine Antwort ergibt sich aus zahlreichen Studien: Je einfacher ein gefährdeter Mensch Zugang zu Waffen hat, umso leichter wird er zum Amokläufer. Dagegen mag sich die Waffenlobby mit Händen und Füßen wehren – die Fakten sind nicht wegzureden. Genauso wenig wie die logische Schlussfolgerung: Werden Waffen weggeschlossen, gibt es weniger Missbrauch.

Für eine zweite Antwort muss man tiefer graben. Warum greift der Amokläufer zur Waffe? Warum erschießt ein Jugendlicher unschuldige Schüler, Lehrer, Passanten?

Bis ich mir selbst diese Frage stellte, war ich nicht vertraut mit sogenannten Killerspielen. Ich kannte nur Computerspiele der harmlosen Sorte. „Counter-Strike" und andere Ego-Shooter-Spiele waren mir kein Begriff. Ich wusste noch nicht, was ich heute weiß: Das exzessive Spielen von Killerspielen verändert möglicherweise das Gehirn des Spielers.

Experten wie Betroffene müssen sich nach Amokläufen der Frage stellen: Wieso schießen Amokschützen so gut? Wie kann es sein, dass sie sich Feuergefechte mit der Polizei liefern, die wieder und wieder nicht in der Lage ist, sie ohne Weiteres zu stoppen? Auch hier lag die Antwort bald auf der Hand: Zum einen handelt es sich bei den Amokläufern in der Regel um Schützen. Zum anderen haben sie ein intensives Training am Computer hinter sich: Durch Killerspiele kennen sie Gefechtssituationen besser als viele Polizisten. Zieht man in Betracht, dass die US-Armee ihre Kampfspezialisten an denselben Killerspielen ausbildet, die unseren Kindern zur Verfügung stehen, wie zum Beispiel „Half-Life" und einer abgeänderten Version von „Doom" mit Namen „Marine-Doom", kann es auch hier nur eine Schlussfolgerung geben.

Dreierlei also ist wichtig, um Amokläufe wirksam zu verhindern:
Ein Verbot großkalibriger Waffen in Privathaushalten.
Die zentrale Unterbringung von Waffen in Tresoren der Schützenhäuser.
Und ein Verbot von Killerspielen.
Wir sollten alles tun, um diese Maßnahmen so rasch wie möglich in die Praxis umzusetzen. Nur dann haben wir die Chance, zu agieren statt zu reagieren. Ansonsten gilt: Nach dem Amoklauf ist vor dem Amoklauf.

Gewalterfahrungen frei Haus: Ego-Shooter

„Wie kann man mit Killerspielen Menschen umbringen?", schrieb mir ein Internetnutzer, der sich „Shotgun" nannte. „Außer das Spiel mitsamt Packung jemanden in den Rachen zu stopfen, fällt mir dazu nix ein." Zum Glück fällt anderen dazu etwas mehr ein. Professor Dr. Dr. Manfred Spitzer ist ärztlicher Direktor der Psychiatrischen Universitätsklinik in Ulm. Kaum einer in Deutschland weiß so viel über die schädlichen Auswirkungen von Killerspielen auf das Verhalten unserer Jugendlichen wie er. „Jede Erfahrung", sagt Spitzer, „hinterlässt eine eigene Struktur in unseren Gehirnen."

Unsere Kinder und Jugendlichen verbringen viel Zeit vor dem Computer. In Deutschland sitzen 15-jährige Jugendliche täglich etwa sechs bis sieben Stunden vor dem Bildschirm. Das ist weniger als in den USA – aber weitaus mehr, als sie Zeit in der Schule verbringen (im Durchschnitt nur 3,75 Stunden pro Tag). Gezielte Befragungen haben ergeben, dass 15-jährige Jungen durchschnittlich zweieinhalb Stunden des Tages mit Spielen am Computer oder einer Spielekonsole verbringen, Mädchen durchschnittlich fast eine Stunde am Tag.

Bei einer psychologischen Studie ließen Craig Anderson von der Iowa State University und Brad Bushman von der University of Michigan eine Gruppe von Versuchspersonen das harmlose Computerspiel „Tetris" spielen. Eine andere Gruppe spielte ein sogenanntes Ego-Shooter-Spiel, bei dem Menschen in real anmutenden Umgebungen getötet werden müssen, damit man gewinnt. Danach mussten beide Gruppen Fragen beantworten. Während dieser Zeit wurde im Nebenraum eine Schlägerei inszeniert. Der Krach kam vom Tonband, aber das wussten die Probanden nicht. Die Tetrisspieler brauchten durchschnittlich nur 15 Sekunden, um den Entschluss zu fassen, im Nebenraum nachzuschauen, ob jemand Hilfe benötigte. Diejenigen Versuchspersonen, die das Killerspiel gespielt hatten, brauchten dazu im Schnitt viermal so lange.

„Killerspiele desensibilisieren Menschen", meint Manfred Spitzer. „Je mehr ich davon spiele, desto unsensibler werde ich."

Amerikanische Wissenschaftler stellten auch fest, dass eine Gruppe von Jungen, die eine Playstation bekamen, nach einigen Monaten im Lese- und Schreibtest deutlich schlechter abschnitten als eine Vergleichsgruppe ohne Playstation. Gleichzeitig wuchsen bei den Playstation-Besitzern die allgemeinen Schulprobleme. „Dieser Test lässt sich in einem Satz zusammenfassen", resümiert Professor Spitzer. „Wenn Sie schlechte Noten und Schulprobleme verschenken wollen, dann verschenken Sie eine Playstation."

Häufig wird argumentiert, dass Kinder und Jugendliche früh lernen müssten, mit dem Computer umzugehen, um auf dem Arbeitsmarkt der Zukunft bestehen zu können. Manfred Spitzer hält diese Auffassung für unzutreffend. „Die Kinder kämpfen mit der Technik", hat er beobachtet. „Sie lernen nichts, aber werden angefixt. Was sie brauchen, bevor sie online gehen, ist Vorwissen und Grundbildung.

Aber ganz bestimmt keinen Online-Zugang im Klassenzimmer. Das Schlimmste aber ist, dass die Politiker die Mütter völlig hängen lassen."

Eine Beobachtung, die wir vom Aktionsbündnis nur bestätigen können. Oft fragen uns Mütter um Rat: „Ich kann meinem Sohn sagen: Heroin ist verboten. Dann komme ich in sein Zimmer und er spielt da ein Computerspiel, bei dem mir ganz schlecht wird. Dabei grinst er mich nur an und sagt: ‚Das ist erlaubt'."

Wenn es dann noch Bücher gibt wie das des evangelischen Pfarrers Thomas Hartmann mit dem Titel „Schluss mit dem Gewalt-Tabu! Warum Kinder ballern und sich prügeln müssen", ist es kein Wunder, dass Internetnutzer „Shotgun" zu seinem so unschuldig anmutenden Fazit gelangt.

Wir müssen etwas tun. Es kann nicht sein, dass, wenn in Deutschland die Spielemesse gamescom stattfindet, ganze Straßenbahnzüge mit Bildern brennender Panzer für ein neues Gewaltspiel werben.

„Wir vermüllen systematisch die Gehirne der nächsten Generation", erklärt Professor Spitzer. „Mediengewalt bringt Gewalt, das ist in Hunderten von Studien längst bewiesen. Alle Pisa-Daten zeigen, dass ein Computer zu Hause die Schulleistungen verschlechtert."

E-Mails wie die von „Shotgun" und die zunehmenden Anfragen ratloser Eltern machten uns allmählich deutlich, dass wir es nicht mit einem, sondern zwei mächtigen Gegnern zu tun hatten: Nicht nur die Waffenlobby hat etwas gegen Veränderungen, sondern auch die Killerspielelobby möchte gerne, dass alles beim Alten bleibt. Immerhin werden mit diesen Spielen deutschlandweit etwa 30 Milliarden Euro Umsatz im Jahr gemacht. Da lässt man sich nicht so leicht in die Suppe spucken.

„Sie haben keine Chance. Die Politik ist durchsetzt mit Waffenliebhabern"

Diese Nachricht fand sich am 20. Juni 2010 in meinem E-Mail-Posteingang. Der Absender ließ an Deutlichkeit nichts zu wünschen übrig: „Bekommen Sie eigentlich Morddrohungen? Haben Sie denn gar keine Angst? Immerhin legen Sie sich mit bewaffneten Menschen an. Ich wünsche Ihnen, dass Sie durchsiebt aufgefunden werden…"

Vielleicht ist es an der Zeit, diese Fragen öffentlich zu beantworten: Ja, ich bekomme Morddrohungen. Nein, ich habe keine Angst. Und mir ist mittlerweile klar, wie viele Waffenliebhaber sich unter unseren Politikern befinden. Oder wie es die Kriminologin Britta Bannenberg ausdrückt: „Unsere Landtage sowie der Bundestag sind von Waffenlobbyisten und Waffenfreunden durchdrungen." Nicht immer wird es für diese so peinlich wie für den früheren baden-württembergischen Justizminister Ulrich Goll. Er musste nach dem Amoklauf von Winnenden zugeben, dass sich auch in seinem Schlafzimmer geladene Waffen befinden. Kein Wunder, dass er unsere Forderungen nach einem verbesserten Waffenrecht „Vorschläge fürs Schaufenster" nannte. Was er damit meinte, erläuterte er wie folgt: „Es gilt wie überall im Leben, dass man sich für extreme Einzelfälle eigentlich nicht wirklich rüsten kann."

Wasser auf die Mühlen der Waffenlobby, ein Armutszeugnis für einen Justizminister: Da man ohnehin nichts tun kann, tun wir nichts und warten in aller Ruhe auf den nächsten Amoklauf.

Anfangs wunderte ich mich noch über das seltsame Gebaren dieses Ministers. Als dann aufgedeckt wurde, dass er eine 9-Millimeter-Pistole von Heckler & Koch und einen Revolver Smith & Wesson (Kaliber 22) zu Hause aufbewahrte, änderte sich meine Sicht der Dinge. Goll argumentierte, er verzichte auf Personenschutz und wolle die Möglichkeit haben, sich im Notfall zu wehren. Herzlich willkommen im Wilden Westen! Auf die Spitze getrieben bedeutet Golls Aussage nichts anderes als: Die Gesetze, die wir für euch machen, gelten nicht für uns.

Wenn hochrangige Politiker derart verquere Ansichten vertreten, muss man sich nicht mehr fragen, warum die Waffenlobby so stark ist: Sie sitzt an den Schaltstellen der Macht. Dennoch haben wir eine Chance, denn wir vertreten die Mehrheit. Und am Ende wird sich die Vernunft durchsetzen. Dafür kämpfe ich seit März 2009.

Nach dem Interview mit Maybrit Illner wandten sich viele andere Journalisten an uns – Befürworter wie Gegner unserer Forderungen. Ich lernte gute Reporter kennen und Sensationsreporter. Ich traf auf Menschen, die in mir nur eine Schlagzeile sahen, und solche, die ernsthaft besorgt um die Zukunft unseres Landes sind. Irgendwann lernte ich Uschi Götz kennen, die als freie Landeskorrespondentin beim Deutschlandfunk arbeitete. „Wenn Sie etwas brauchen", sagte sie, „wenden Sie sich an mich."

Das tat ich auch. Anfang Mai sollten wir eine Pressekonferenz im baden-württembergischen Landtag veranstalten. Wer sich in seinem bisherigen Leben mit völlig anderen Dingen beschäftigt hat, steht vor solch einer Aufgabe wie der Ochs vor dem Berg, wie man in unserer Region so treffend sagt. Ich brauchte Hilfe und rief Uschi Götz an. „Was sind denn Ihre Ziele?", fragte sie. „Bei einer Landespressekonferenz müssen Sie mit Fakten aufwarten." „Die haben wir", antwortete ich. Sie waren formuliert in dem von Gisela Mayer ausgearbeiteten weiteren offenen Brief an Bundespräsident, Kanzlerin und den baden-württembergischen Ministerpräsidenten. „Das ist gut", lobte Uschi Götz. „Dann fehlt nur noch eine Presseerklärung. Haben Sie schon mal eine verfasst?" Ich verneinte. „Soll ich Ihnen dabei helfen?" Ich bin heute noch dankbar für die Unterstützung, die wir in diesen ersten anstrengenden und chaotischen Wochen erhielten. Ohne Menschen wie Uschi Götz hätten wir es weitaus schwerer gehabt. „Was ist es mit dem Presseverteiler?", hakte sie nach. „Gibt's nicht. Noch nicht." „Dann fragen wir doch mal beim Südwestrundfunk an. Vielleicht können die etwas tun."

Wir arbeiteten auf Dutzenden Baustellen gleichzeitig. Durch unsere Unterschriftenaktionen hatten wir in kürzester Zeit 111 283 Adressen von Menschen gesammelt, die sich gegen Waffen in Privathaushalten aussprachen. Bei einer parallel laufenden Aktion gegen Killerspiele gab es über 100 000 Unterschriften. Ich besuchte sämtliche Schulen in der näheren und weiteren Umgebung. Viele Schulleiter empfingen mich mit offenen Armen. Bei einigen stand ich allerdings auch vor verschlossenen Türen. Fragte ich nach, bekam ich zur Antwort: „Ja, wissen Sie das nicht? Unser Rektor ist Mitglied im Schützenverein."

Auch manche Schüler waren innerlich gespalten. Alle wollten auf der Anti-Waffen-Liste unterschreiben, denn sie hatten Angst vor Amokläufen. Beim Verbot gegen Killerspiele kamen einige dagegen ins Grübeln. „Ich spiele jeden Tag mehrere Stunden ‚Counter-Strike‘", sagte mir ein 14-Jähriger. „Wie kann ich da unterschreiben?" Mir wurde klar, dass wir die Jugendlichen anders ansprechen mussten. Sie müssen erst lernen, was Killerspiele in ihnen auslösen können. Zunächst aber wollten weitere Institutionen die Unterschriftenlisten auslegen. Ich kam kaum mit dem Kopieren hinterher.

„Wir brauchen einen Stiftungstext, wir müssen die Satzung drucken, die Lehrergewerkschaft aus Hessen lädt dich ein, du sollst einen Vortrag an der Uni Mainz halten..." Glücklicherweise kamen inzwischen immer mehr Freiwillige in mein kleines Büro und boten ihre Mithilfe an; anders wäre die Arbeit nicht mehr zu bewältigen gewesen. Mein Nachbar Tobias Sellmaier erklärte sich bereit, eine Webseite zu entwerfen. Außerdem stellte er den Kontakt zur Stadtdruckerei Waiblingen her. Nun musste nicht mehr alles über meinen Kopierer laufen. Ich war froh, wenn ich ein paar Aufgaben delegieren konnte, denn das Telefon stand nicht still.

„Jemand vom Bundesinnenausschuss im Bundestag hat angerufen. Ob wir kommen können. Meldest du dich bei denen?" Ich meldete mich. Nach und nach gewannen wir immer mehr Verbündete: Klaus Jansen vom Bund Deutscher Kriminalbeamter (BDK) gehörte zu den Ersten, die uns kontaktierten. Die Frauen und Männer der Polizei müssen es ausbaden, wenn schwer bewaffnete Täter wild um sich schießen. Dort muss man kaum jemanden davon überzeugen, dass großkalibrige Waffen nicht in Privathand gehören.

Jansen machte mir in unserem ersten Gespräch noch einmal die Gesetzeslage klar: „Es gibt in Deutschland grundsätzlich ein Waffenverbot, da das Gewaltmonopol beim Staat liegt. Zu diesem Verbot gibt es ein paar Ausnahmen: Schützenvereine haben die Möglichkeit, nach gewissen Eignungskriterien Mitgliedern die Möglichkeit zu geben, Waffen zu benutzen und zu besitzen. Wenn die Vereine das nicht gut machen – und das tun sie nicht, sie winken das einfach nur durch –, muss der Staat sein eigenes Verbot endlich durchsetzen. Die ganzen E-Mails, die Sie da kriegen, zeigen ja auch, dass diese Leute psychisch gar nicht in der Lage sind, Waffen zu tragen." Doch die Ordnungshüter werden von der Politik im Stich gelassen. Die sieben bis zehn Millionen legaler Schusswaffen in deutschen Privathaushalten sind für sie eine ständige Gefahr. Hinzu kommen noch unzählige illegale Waffen. „Die Behörden wissen, wie viele Tonnen Bananen jährlich importiert werden", sagte mir Konrad Freiberg, Chef der Gewerkschaft der Polizei (GdP). „Aber was den Waffenbesitz angeht, tappen wir vollkommen im Dunkeln."

Seltsam eigentlich in einem hoch entwickelten Land wie Deutschland, in dem nahezu jedes Detail des täglichen Lebens gesetzlich geregelt zu sein scheint. Umso wichtiger sind Verbündete wie Klaus Jansen und sein Stellvertreter Bernd Carstensen vom BDK. Bald stieß auch Britta Bannenberg zu uns. Der wissenschaftlichen Beirätin des Deutschen Forums für Kriminalprävention, Präsidentin der Kriminologischen Gesellschaft und Professorin für Kriminologie an der Uni Gießen kann die Waffenlobby kein X für ein U vormachen. Weitere Unterstützung kam von Dr. Christian Laue von der Universität Heidelberg und Dr. Jörg Fegert von der Universität Ulm.

Aber auch der Gegner schlief nicht. Je mehr Unterstützung wir fanden, desto lauter, härter und persönlicher wurden seine Angriffe. Siegfried Steiger hatte mich gewarnt: „Je bekannter Sie werden, desto mehr Gegner bekommen Sie. Sie werden gar nicht glauben, welche Menschen zu Gegnern werden." Einer der Ersten, die sich aus der Deckung wagten, war ausgerechnet der damalige Oberbürgermeister von Winnenden, Bernhard Fritz. Aussagen und Handlungen von ihm schufen die Gefahr, unser Aktionsbündnis zu spalten. Es konnte ihm nicht gefallen, dass der Medienfokus nicht länger auf dem Rathaus lag. Als die ersten Fördergelder eintrafen, hatte er seinen Auftritt. Er rief alle betroffenen Familien zusammen und überreichte jeder einen Scheck über 5000 Euro. Fast schien es so, als habe er das Geld seiner Privatschatulle entnommen. Betreten schauten wir uns an. Dann hieß es auf einmal, die Opferfamilien in Wendlingen sollten nichts bekommen. Zum Glück gab es dort einen eigenen Spendentopf. Die darin befindlichen 40 000 Euro wurden redlich unter den zwei betroffenen Familien geteilt.

Plötzlich regte sich Unmut. „Winnenden hat 250 000 Euro zweckgebundene Spenden erhalten. Der Oberbürgermeister hat 50 000 Euro ausgezahlt. Was passiert mit dem Rest?" Das war eine gute Frage, auf die es keine Antwort gab. Dabei ist nichts erniedrigender und unwürdiger, als nach dem Tod so vieler Kinder einen Politiker nach dem Verbleib von Spendengeldern fragen zu müssen. Zwei Väter aus unserem Kreis erklärten sich schließlich dazu bereit, bei Oberbürgermeister Bernhard Fritz vorzusprechen und nachzufragen. Als sie zurückkehrten, waren sie plötzlich sehr kurz angebunden: „Fritz hat uns verboten, über das Geld zu sprechen."

Wir anderen waren perplex. Ich fragte nach: „Moment mal. Ihr geht als unsere Vertreter dorthin, und jetzt sind wir nicht viel schlauer?"

Nach langem Hin und Her rückte einer der Väter mit der Sprache heraus: „Es hängt mit dir zusammen", sagte er, „weil du vorbestraft bist."

Es gibt Augenblicke im Leben, da verschlägt es einem buchstäblich die Sprache. Das war so ein Augenblick. Gleichzeitig war es, als hörte ich vor meinem inneren Ohr die Stimme von Siegfried Steiger: „Sie werden gar nicht glauben, welche Menschen zu Gegnern werden."

„Wie kommst du denn darauf?", fragte ich vorsichtig.

„Es steht im Internet."

Bei Google fand ich schließlich den Link einer Zeitung, die ein Interview mit mir geführt hatte. Der kurze Infotext unter dem Link verwies gleichzeitig auf die Berichterstattung über einen vorbestraften Neonazi. Unglücklicherweise war der Kurztext so zusammengekürzt, dass es dann hieß: „H. Schober der Vorbestrafte".

Also besorgte ich mir ein polizeiliches Führungszeugnis und gab es dem betreffenden Vater. Es half nichts. Zusammen mit einem weiteren Vater verließ er das Aktionsbündnis. Die Waffenlobby hatte einen kleinen Sieg errungen.

Und trotzdem: Ich wusste, dass dieser Vater selbst ein Schütze war. Mir war auch zu Ohren gekommen, dass ihn die Schützenkollegen trotz des tragischen Verlusts seiner Tochter unter Druck setzten. Sein Schicksal war hart genug. Immerhin waren es Waffen und Munition eines Gleichgesinnten gewesen, die sein Kind das Leben gekostet hatten. Dennoch fiel es ihm schwer, sich vom sozialen Druck der Schützen freizumachen.

Die wollen, dass wir uns streiten, dachte ich. Die wollen die Gruppe zerstören. Noch aber wollte ich nicht glauben, dass unsere Gegner so weit gingen, Verleumdungen und Lügen öffentlich einzusetzen. Heute weiß ich es besser, doch damals ging es mir vor allem darum, die Gruppe zusammenzuhalten.

„Sie haben keine Chance. Die Politik ist durchsetzt mit Waffenliebhabern." Der Autor dieser Zeilen hatte mir ungewollt einen wertvollen Hinweis gegeben. Von nun an würden wir alle vorsichtiger sein.

Ein Statement
für das Aktionsbündnis

Amokläufe sind zerstörerisch – nicht nur für die unmittelbar Betroffenen. Sie rauben uns die Illusion, in einem friedlichen Land zu leben, in dem niemand Angst vor einem gewaltsamen Tod haben muss. In Winnenden standen in den Tagen nach dem 11. März 2009 fast alle unter Schock. Der Bürgermeister von Leutenbach, Jürgen Kiesl, aus dessen Gemeinde mehrere Opfer und der Täter stammten, war schnell am Tatort gewesen. „Die folgenden Besprechungen mit den Ministern Rau und Rech sowie später Ministerpräsident Oettinger erlebte ich wie in Trance", sagte er später. „Abends liefen die Bilder des Tages wie in einer Endlosschleife vor meinem geistigen Auge ab."

So erging es uns allen. Es gibt Bilder im Kopf, die sich nicht mehr löschen lassen. Dass angesichts einer so massiven psychischen Stresssituation nicht alle Menschen gleich schnell zu Ruhe, Vernunft und Bedachtsamkeit zurückfinden, ist verständlich. Einfach so rasch wie möglich wieder zur Tagesordnung überzugehen, wäre sicher der falsche Weg gewesen. Dennoch muss ein Mann in verantwortlicher Position wie der Oberbürgermeister einer Stadt irgendwann die Zügel wieder in die Hand nehmen. Was in diesem Fall bedeutete, dafür zu sorgen, dass die Familien der Opfer zu ihrem Recht kamen. Vielleicht überforderte ihn die Sache – wer könnte es ihm verdenken? Vielleicht war Bernhard Fritz aber auch zu sehr ein Oberbürgermeister alter Schule, für den Konsens nicht das Wichtigste ist. Jedenfalls zog sich der Streit ums Geld über längere Zeit hin.

Noch immer lagen auf einem der Konten der Stadt Winnenden 200 000 Euro Spendengelder, die Fritz nicht ohne Weiteres auszahlen wollte. Ich setzte mich dafür ein, dass jeder verletzte Schüler einen Anteil von 3000 Euro aus dieser Summe erhalten sollte. Oberbürgermeister Fritz sperrte sich.

„Warum hockt er so auf diesem Geld?", fragten mich die Leute. „Was will er damit?"

Ich wusste die Antwort nicht. Tatsache war, dass sich auch im Winnender Rathaus zeigte, was bei den Landtagswahlen zwei Jahre später neben anderen Ursachen zum politischen Erdrutsch in Baden-Württemberg führen sollte: Basisdemokratie wurde nicht hoch genug geachtet; man machte die Dinge so, wie man sie im „Ländle" schon immer gemacht hatte.

„Der Fritz ist ein kleiner Napoleon", hieß es landauf, landab. „Vielleicht seid ihr dem nicht dankbar genug."

Dafür gab es keinen Grund. Wir waren die Geschädigten, nicht die Almosenempfänger. Als der Streit ums Geld medial immer größere Kreise zog, füllten unsere E-Mail-Postfächer sich erneut mit Hassmails.

„50 000 Euro für diese Leute", schrieb etwa „Hilli" aus Darmstadt. „Was man dafür alles kriegen könnte: 25 schöne 45-er. 600 Kilogramm Pulver. Ich stelle mich zur Entsorgung der 50 000 Euro zur Verfügung."

Aber ich ließ nicht locker. Wichtiger als der Streit ums Geld war mir, ein positives Wort des Oberbürgermeisters für das Aktionsbündnis zu hören. Ist ja auch nicht schön, wenn eine Stadt zum Synonym für ein Massaker wird.

Denn genau das ist gelebte Demokratie: über die Dinge zu sprechen, nicht, sie zu verschweigen.

Wir Opferfamilien fühlten uns nicht beteiligt. Die 5000 Euro für diejenigen Familien, deren Kinder beim Amoklauf getötet worden waren, reichten kaum für die Beerdigungskosten. Wieder sprach ich beim Oberbürgermeister vor, wieder erteilte er mir eine Abfuhr. Aber es gab einen kleinen Hoffnungsschimmer: Fritz ließ die Öffentlichkeit wissen, dass er aufgrund des Amoklaufs gesundheitlich so angeschlagen sei, dass er keine weitere Amtszeit bestreiten wolle. Ein Aufatmen ging durch die Reihen. Unter den Bewerbern für seine Nachfolge kristallisierte sich schnell Hartmut Holzwarth heraus, der mit 72,9 Prozent der abgegebenen Stimmen klar die Wahl gewann. Er sprach sich bereits während seiner Bewerbung für die Arbeit des Aktionsbündnisses aus. Nachdem Holzwarth den Amtseid abgelegt hatte, wurde er Mitglied in unserem Förderverein. Die leidige Diskussion um die Entschädigung verletzter Schüler beendete er rasch. Jeder von ihnen sowie alle Opferfamilien bekamen 3000 Euro. Damit ruhten zwar immer noch 120 000 Euro auf den Konten der Stadt – was sie übrigens bis heute, während ich dieses Buch schreibe, tun –, doch zumindest war den Schülern geholfen.

Auch die Albertville-Realschule hat mittlerweile eine neue Leitung. Die Rektorin Astrid Hahn bekannte, dass der 11. März 2009 ihr komplettes Leben verändert habe. Nach eigener Aussage hatte sie vom Amoklauf zuerst durch den Anruf einer Lehrerin erfahren, die ins Telefon rief: „Hier schießt einer, ich bin getroffen!" Die Folgen des Massakers sehen zu müssen, habe sie sprachlos gemacht. Den Vorwurf, dass sie zwei Referendarinnen in die oberen Stockwerke schickte, statt selbst nachzuschauen, und diese ihre Anweisung mit dem Leben bezahlen mussten, konnte Astrid Hahn nie ganz entkräften. Doch wer von uns ohne Schuld ist, werfe den ersten Stein. Niemand kann vorhersagen, wie er in einer solch extremen Stresssituation reagieren wird. Und auch hinterher gibt es Menschen, die zu ihren Versäumnissen stehen, und solche, die sich herauszureden versuchen.

Was auch immer am 11. März 2009 wirklich geschehen sein mag: Seit September 2010 gibt es mit Sven Kubick einen neuen Rektor an der Albertville-Realschule. Er steht vor einer enormen Herausforderung. Nachdem klar war, dass die Schulgemeinschaft in das alte Gebäude zurückkehren wird, wurde heftig darüber diskutiert, wie man dem Komplex einen neuen Charakter verleihen könnte. Schließlich entschied man sich, den Eingangsbereich umzugestalten und ein neues Sicherheitskonzept zu installieren, mit schnell verschließbaren Klassenzimmern, einer Lautsprecheranlage und der Möglichkeit, ein Amok-Notsignal auszulösen. Dafür fielen Kosten in Höhe von 5,6 Millionen Euro an, die jeweils zur Hälfte von Bund und Land übernommen wurden. Im September 2011 waren die Umbauarbeiten abgeschlossen. Die Umgestaltung des Schulgebäudes ist freilich nur das eine. Etwas anderes ist es, die Schule von Neuem mit Leben und Hoffnung zu füllen – eine Aufgabe, die der Schulleitung, den Lehrern, den Eltern und den Schülern zufällt.

Der Vater des Mörders

Am 11. März 2010, ein Jahr nach der Bluttat, fuhr ich an der Albertville-Realschule vorbei. Auf der anderen Straßenseite, im Hof der Stadthalle, standen graue Container. Das Staatliche Schulamt hatte sie aufstellen lassen. Hier befanden sich die Ersatzklassenzimmer, aber auch die Büros der Schulpsychologen. Noch immer waren siebzig Menschen in psychotherapeutischer Behandlung, und viele von ihnen würden es voraussichtlich noch auf lange Zeit bleiben. Ein Verbrechen, das innerhalb weniger Minuten verübt wird, zieht lebenslange seelische Beeinträchtigungen nach sich. Darüber dachte ich nach, als ich Richtung Weiler zum Stein fuhr.

In Weiler zum Stein lebten im Jahr 2009 etwa 3000 Menschen. Darunter auch die Familie Schober: Vater, Mutter und zwei Töchter. Und die Familie Kretschmer: Vater, Mutter, ein Sohn, eine Tochter. Bis zum 11. März 2009.

Wir kannten die Familie des Amokläufers kaum. Ulrike hatte die Mutter flüchtig kennengelernt, weil Jana und Tim Kretschmers Schwester dieselbe Grundschulklasse besuchten. Dass man sich sonst kaum über den Weg lief, ist nicht weiter ungewöhnlich, selbst in einem kleinen Ort wie Weiler. Stuttgart ist von dort aus mit der S-Bahn erreichbar, und viele Menschen aus Weiler fahren tagsüber zum Arbeiten dorthin. Trotzdem ist Weiler zum Stein keine reine „Schlafstadt". Der Pendelverkehr nach Stuttgart,

Waiblingen, Winnenden, Ludwigsburg und Heilbronn ist zwar enorm, dennoch zeigt ein Gang durch den idyllischen Ortskern, dass auch tagsüber Leben herrscht. Es gibt Läden, Gasthäuser, Arztpraxen.

Wir fühlten uns wohl hier in Weiler. Auch wenn ich in Leipzig das Großstadtleben schätzen gelernt hatte, gefiel es mir, draußen im Grünen zu sein. Ulrike liebte es, ihr Nordic-Walking-Training vor der Haustür beginnen zu können. Und auch die beiden Mädchen fühlten sich pudelwohl.

Ich bin nie ein großer Fan der Bücher von Stephen King gewesen. Er schreibt ja am liebsten über das Grauen der Kleinstädte und ländlichen Gebiete. Jeder in Weiler hätte Stein und Bein geschworen, dass in unserer Idylle keine Familie lebte, die einem Buch von King entsprungen sein könnte: nach außen hin sehr ordentliche Bürger; im Inneren aber brodelte es.

Und es brodelte unbemerkt. Niemandem fiel auf, dass Jörg Kretschmer im ganzen Haus Waffen hortete. Ein wahres Kriegsarsenal: 15 legale Schusswaffen, darunter mehrere Großkaliber. 4600 Schuss Munition. Eine Beretta-Pistole lag geladen und schussbereit im Schlafzimmerschrank. Was erwartete der Mann? Einen Überfall? Einen Kampf? Den nächsten Krieg?

Kretschmer stammte aus kleinen Verhältnissen. Nach der Hauptschule machte er eine Lehre, kämpfte sich nach oben, gründete eine Firma. Irgendwann verdiente er viel Geld. Eine Alarmanlage sicherte die Villa, ein Porsche stand davor. Auch das war nicht weiter auffällig. In Weiler zum Stein wie auch in vielen anderen Orten rund um Stuttgart gibt es zahlreiche solcher Anwesen.

Doch im Haus der Kretschmers wurde immer weiter aufgerüstet. Die Eltern arbeiteten hart, hatten kaum Zeit für ihre Kinder. Die Tochter war in der Schule erfolgreich, Sohn Tim dagegen zeigte Schwächen. Später wurden diese vor Gericht breitgetreten: Ein weiches Kind sei Tim gewesen, rundlich in der Pubertät. Aber ein lieber Junge, sehr sensibel. Geplagt von Depressionen, die sich zu einem allgemeinen Hass auf die Welt entwickelten. Tötungsfantasien kamen auf. Lust auf Bilder von gefesselten Frauen. Später wird er vor allem auf Mädchen schießen. Mädchen wie seine Schwester, die ihn in allen Bereichen ausstach.

Was taten seine Eltern, als sie diese Fehlentwicklung bemerkten? Nicht viel. Jörg Kretschmer erwarb sogenannte Softair-Waffen für Tim. Das sind Kurz- oder Langwaffen, die mit Druckluft oder Federkraft betrieben werden. Mit ihnen sollte Tim sich beschäftigen. Außerdem nahm der Vater seinen Sohn mit in den Schützenverein. Die Mutter kaufte ihm Killerspiele für den Computer und Gewaltfilme, die er selbst nicht hätte erwerben dürfen. Zu Kretschmers 50. Geburtstag zogen Vater und Sohn los und erwarben 1000 Schuss Munition.

Es gibt Menschen, für die der Gang zum Psychologen das Ende bedeutet: Wer erst einmal beim „Seelenklempner" war, hat schon verloren. Der ist nicht richtig im Kopf. Hilfe zu suchen war in der Welt von Jörg Kretschmer offenbar nicht vorgesehen. Für ihn schien äußere Stärke das Wichtigste. Die sich durch Waffen ausdrückte.

Doch es passierte etwas Ungewöhnliches. Tim recherchierte im Internet selbst über seine psychischen Probleme. Er äußerte den Wunsch, sich in Behandlung zu begeben. Nicht weit von Weiler entfernt, in Weinsberg, kam es zu einigen Begegnungen mit einer Psychiaterin und mehreren Psychotherapeuten. Über ihre Rolle wird später vor Gericht heftig gestritten. Haben sie die Eltern gewarnt? Nie genau geklärt werden konnte die Frage, ob Tim Kretschmer über seine Tötungsabsichten sprach. Der Vater wird das vor Gericht bestreiten. Sicher ist: Die Eltern brachen die Therapie nach wenigen Sitzungen ab.

Stattdessen bleibt Tim ohne psychologische Betreuung. Doch er hat kaum Freunde, erst recht keine Freundin. Seine schulischen Leistungen werden noch schlechter. Jörg Kretschmer konfrontiert den Sohn mit seinen hohen Anforderungen: Er soll endlich Leistung bringen, er soll Erfolge einfahren. Etwa beim Tischtennis, das Tim gar nicht so schlecht spielt. Gewinnt er ein Spiel, gibt es Geld. Unterliegt er, gibt es Druck. Jörg Kretschmer hält seinen Sohn für einen Verlierer.

„Wir sind eine verlorene Generation", schreibt der amerikanische Bestsellerautor Chuck Palahniuk in seinem Roman Fight Club. „Unsere Väter sind unsere Vorbilder für Gott. Wenn sie uns im Stich lassen, was sagt uns das über Gott?" Jörg Kretschmer bot seinem Sohn wohl nicht die Unterstützung, die er benötigt hätte. Und so machte sich Tim am 11. März 2009 auf den Weg, vielleicht nicht zuletzt, um seinem Vater und Gott zu beweisen, dass er doch kein Verlierer war.

Der Prozess

Als im Prozess gegen Jörg Kretschmer vor dem Landgericht Stuttgart am 10. Februar 2011 das Urteil fiel, war dies der vorläufige Schlussstrich unter eine Zeit, die für uns alle unerträglich gewesen war. Sie hatte viele Monate zuvor mit einem Brief begonnen. „Ich will mich mit Ihnen treffen", ließ uns Jörg Kretschmer über seinen Anwalt wissen. Und: „Es tut mir leid."

Dass es überhaupt zum Prozess kam, war der Arbeit unseres Aktionsbündnisses zu verdanken. So etwas hatte es in Deutschland bisher nicht gegeben: eine Anklage gegen den Angehörigen eines Amokläufers. Die Waffenlobby lief Sturm. Ein Waffenbruder sollte vor Gericht gezerrt werden – das durfte nicht sein. Natürlich war der Lobby nur allzu bewusst, was es für sie bedeutete, sollte Jörg Kretschmer verurteilt werden. Ihre Argumentation, eine Waffe im Privathaushalt sei so ungefährlich wie das Auto in der Garage, wäre damit gerichtlich widerlegt.

Ich weiß heute nicht mehr, bei wie vielen Pressekonferenzen und Anhörungen ich erklären musste, warum Jörg Kretschmer vor ein deutsches Gericht gehörte. Oft hatte ich dabei Angst, vor laufender Kamera zusammenzuklappen. Immer wenn die Rede auf Jana kam, schossen mir Tränen in die Augen. Aber von den Opfern sprach man immer weniger. Man sprach dagegen ständig davon, dass 15 Waffen im Haus und Munition für eine halbe Armee etwas ganz Gewöhnliches seien. Man sprach davon, dass ein Vater nicht für die Taten seines Sohnes verantwortlich gemacht werden könne. Als seien Eltern nicht länger für ihre Kinder verantwortlich.

Dagegen wehrten wir uns. Und just zu dieser Zeit kam Jörg Kretschmers Brief. „Ich will mich mit Ihnen treffen. Es tut mir leid." Die Reaktionen fielen im Kreis der Opferfamilien zwiespältig aus. „Endlich sagt der mal was", meinten diejenigen, denen das beharrliche Schweigen des Tätervaters den letzten Nerv geraubt hatte. „Wir sollten nicht prozessieren", fanden andere, „sondern mit ihm reden." Gisela Mayer und ich vertraten eine dritte Meinung: „Das ist ein taktisch motiviertes Schreiben. Es ist von einem Anwalt formuliert, nicht von Kretschmer selbst. Es wurde an unseren Verteidiger geschickt, nicht an uns. Kretschmer geht es darum, den Prozess zu verhindern."

Der Prozess kam. Die juristische Fachwelt war zerstritten. Einige Rechtsgelehrte gingen davon aus, dass Jörg Kretschmer straffrei davonkommen würde. Sollte er aber verurteilt werden, drohten ihm Zivilklagen. Mit anderen Worten: Dann könnte es für ihn teuer werden. Seine Anwälte sahen das ebenso. Ihre Strategie war klar, und sie ging auf: Sie wollten Zwietracht unter den Opferfamilien säen. Tatsächlich konnten wir uns nicht auf eine gemeinsame Antwort einigen. Aus heutiger Sicht kann ich das gut verstehen – für jeden Einzelnen von uns war der Stress damals einfach zu groß. Trotzdem bin ich froh, dass sich Gisela Mayers und meine Position durchgesetzt hat und Jörg Kretschmer sich vor Gericht verantworten musste. Das dann auch prompt auf „schuldig" befand. Doch für das Aktionsbündnis bedeuteten Prozess und Urteil auch, dass sich weitere Opferfamilien aus der gemeinsamen Arbeit zurückzogen. Einmal mehr dachte ich an die weisen Worte von Siegfried Steiger, der mir dies alles prophezeit hatte.

Der Prozess selbst war für die Angehörigen schlimmer als alles bisher Erlebte, vom Tag des Massakers abgesehen. Wann immer ich im Gerichtssaal saß und die Tat besprochen wurde, wann immer ich das unbewegte Gesicht von Jörg Kretschmer sah, wann immer Gutachter, Verteidiger und Ankläger sich über Details stritten, kam in mir Brechreiz auf. Doch ich zwang mich zu bleiben – das war ich Jana schuldig. Am nächsten Tag las ich dann in den Zeitungen, was wir vor Ort durchmachen mussten: „Liest man die Vernehmungsprotokolle der Polizei, fallen ungelenke Sprache, abgehackte Sätze und grammatikalische Fehler auf", schrieb ein Reporter der dpa. „Der Vater von Tim K. hat erkennbar Schwierigkeiten, seine Gedanken zu formulieren. Glaubt man den Gutachtern, verhält es sich mit seinem Gefühlsleben ähnlich. Die Arbeit für seine Firma in einer Nachbargemeinde von Winnenden hat für den Geschäftsmann, der sich aus kleinen Verhältnissen hochgearbeitet hat, stets im Vordergrund gestanden."

Und weiter: „Einen tiefen emotionalen Zugang zu seinem Sohn hatte der Mann wohl nicht, aber möglicherweise eine ähnliche Art, persönliche Defizite zu kompensieren. So interpretieren die Gutachter das Arsenal an Gewehren und Pistolen sowie Tausende Schuss Munition, die der Vater von Tim K. zu Hause aufbewahrte." Und schließlich: „Dass er mit seinem Sohn zum Schießtraining ging, obwohl er über dessen Sorge, manisch-depressiv zu sein, wusste, dürfte eher als Sprach- und Hilflosigkeit zu werten sein. Wenn schon kein Gespräch über seelische Nöte möglich war, wollte der Vater seinen Sohn wenigstens unter Leute bringen. Auch sonst versuchten die Eltern, Tim alle Wünsche zu erfüllen – seien es Killerspiele für den PC oder eine Softair-Pistole." Ich machte mir meine eigenen Gedanken darüber, wie es im Hause Kretschmer zugegangen sein mochte. Dass Jörg Kretschmer nicht zu seiner

Verantwortung stehen wollte, wurde rasch klar; ebenso, dass er versuchte, sein Vermögen vor Schadensersatzansprüchen zu retten. Beides war für mich nicht wichtig. Für mich zählte die Erkenntnis, dass in dieser Familie Emotionalität keine Priorität genoss und dass dies möglicherweise zur Katastrophe mit beitrug.

Knapp zwei Jahre nach dem Amoklauf verkündete das Landgericht Stuttgart sein Urteil. Die Staatsanwaltschaft hatte eine zweijährige Bewährungsstrafe gefordert. Der Großteil der 43 zugelassenen Nebenkläger wollte eine Haftstrafe ohne Bewährung. Jörg Kretschmers Verteidiger hatten auf Straffreiheit plädiert. Am Ende hieß es „schuldig" wegen fahrlässiger Tötung in 15 Fällen. Das Urteil: 21 Monate Gefängnis auf Bewährung. Jörg Kretschmer verließ den Gerichtssaal als freier Mann. Später ging er in Revision.

„Was halten Sie von dem Urteil?", fragte mich ein Journalist der Stuttgarter Nachrichten kurz nach dem Richterspruch. Auf einmal fühlte ich mich so müde wie nie zuvor.

„Man muss es hinnehmen, wie es ist", antwortete ich.

Was hätte ich schon sagen können nach diesem Verhandlungsmarathon? Dass es mir lieber gewesen wäre, wenn Jörg Kretschmer eine gewisse Zeit ins Gefängnis gekommen wäre, um dort über alles nachzudenken? Und dass ich nicht der Meinung bin, dass einfacher Diebstahl schwerer bestraft werden sollte als die Mitschuld am Tod so vieler Menschen?

Ich sagte nichts. Ich dachte in die Zukunft. Man muss das Urteil hinnehmen, wie es ist, weil Tim Kretschmers Wahnsinnstat dadurch ohnehin nicht mehr zu ändern ist. Zu beeinflussen ist hingegen, was uns die Zukunft bringen wird. Dorthin lenkte ich meine Kraft. Dorthin lenkte ich meine Energie. Es gab noch viel zu tun.

Wie die Waffenlobby funktioniert

Wenn ich früher mit dem Auto unterwegs war, fuhr ich gerne von der Autobahn ab und nahm kleine Straßen ohne viel Verkehr, die mich kreuz und quer über Land führten. Kam ich in einen Ort, wo Plakate ein Fest ankündigten, und ließ es meine Zeit zu, hielt ich an und tauchte in den allgemeinen Trubel ein. Ich mag den ursprünglichen Charakter, den Dorffeste vielerorts noch haben; ich mag es, wenn Leute sich noch kennen, wenn sie gemeinsam etwas auf die Beine stellen und für ein paar fröhliche Stunden die Arbeit vergessen.

In all diesen Jahren fiel mir nie auf, dass diese Feste in der Regel von den örtlichen Schützenvereinen organisiert werden. Sie sind häufig die einzigen auf dem Land, deren Vereinsstruktur einigermaßen intakt ist. Während Fußballvereine unter Mitgliederschwund leiden und immer häufiger gezwungen sind, sich mit den Mannschaften anderer Orte zu Sportgemeinschaften zusammenzuschließen, schöpfen die Schützenvereine noch aus dem Vollen: Zwei Millionen Schützen gibt es in Deutschland. Die meisten von ihnen leben im ländlichen Raum.

Ich möchte an dieser Stelle ein für alle Mal mit einem Missverständnis aufräumen, das mir immer wieder begegnet: Wir vom Aktionsbündnis Winnenden haben nichts gegen diese Vereine. Da mag die Waffenlobby Gegenteiliges behaupten, so lange sie will. Wir haben auch nichts gegen historische Bürgerwehren, die mit Vorderladern und Langbüchsen alte Traditionen wiederbeleben. Wir haben allerdings etwas gegen Sorglosigkeit und Leichtsinn. Im Laufe der letzten Jahre habe ich genügend Vereine und Schützen kennengelernt, um zu wissen, dass sie auch sehr gewissenhaft mit ihrem Hobby umgehen können. Leider genügen bei diesem Sport jedoch ein paar wenige schwarze Schafe, um für großes Leid zu sorgen. Schießsport ist eben nicht Ballspielen oder Leichtathletik. Ein achtloser Mensch wie Jörg Kretschmer genügt, um das Leben vieler anderer zu zerstören.

Ich bin davon überzeugt, dass ein Großteil der Widerstände gegen uns daher rührt, dass viele Schützen bis heute gar nicht realisiert haben, dass wir ihnen nicht ihren Sport wegnehmen wollen. Ich weiß aber auch, dass mancher Vorstand aus den großen Schützenverbänden gerne Unwahrheiten unters Volk bringt. Nichts eint mehr als ein gemeinsamer Feind. Und offenbar eignen wir vom Aktionsbündnis Winnenden uns sehr gut als Feindbild.

Sicherlich ist es problematisch, dass die Schützen nicht mit einer Stimme sprechen. Sie haben keinen bundesweiten Verband, der ihre Interessen vertritt. Stattdessen gibt es gleich fünf Hauptschützenverbände mit sehr unterschiedlichen Interessen: den Deutschen Schützenbund, DSB, mit mehr als 1,5 Millionen Mitgliedern. Hier sind Schützen vertreten, die olympische Wettkämpfe bestreiten, und solche, die einmal in der Woche am örtlichen Schießstand mit Kleinkaliber schießen. Hier gibt es auch Bogenschützen, und es gibt eine Abteilung mit großkalibrigen Kurzwaffen. Einen zum Verwechseln ähnlichen Namen führt der BDS, der Bund Deutscher Schützen. Wer in diesem Verein organisiert ist, zählt uns klar zu seinen Feinden. Hier schießt man gerne großkalibrig, also mit genau den Waffen, die wir verboten sehen möchten. Neben diesen beiden großen Schützenverbänden gibt es noch den Bund der Militär- und Polizeischützen, BDMP, und die Deutsche Schießsport Union, DSU. Auch die Landesjagdverbände haben Schießstätten für ihre Jäger.

Gemeinsam ist allen Schützenverbänden, dass sich in ihnen ein echter Querschnitt durch die Gesellschaft findet: vom einfachen Arbeiter über den Angestellten bis hin zum Staatsanwalt, Gerichtspräsidenten oder auch Politiker.

Rekrutieren viele Fußballvereine bis hoch in die Bundesliga ihre Präsidenten, Manager und Sprecher häufig aus den eigenen Reihen, zeigt sich bei den Schützenverbänden ein anderes Bild: Hier sind in leitenden Positionen vor allem hochrangige Politiker oder Staatsfunktionäre zu finden. Was das bedeutet, bekam ich zu spüren, als uns der Innenausschuss des Deutschen Bundestages nach Berlin einlud. Die Verschärfung des Waffenrechts stand zur Debatte, und natürlich schickte die Waffenlobby ihre besten Vertreter. Schließlich galt es, das Schlimmste zu verhindern. Nun lernte ich die Leute kennen, von denen ich vor nicht allzu langer Zeit nicht einmal wusste, wie sie hießen. Plötzlich gehörten sie zu meinen hartnäckigsten Gegnern. Mit ihnen musste ich mich jetzt anlegen. Konnte ich das überhaupt? Was konnte ich gegen einen Joachim Herrmann ausrichten, Innenminister von Bayern und Vertreter der Bundesregierung im Innenausschuss – und Schütze. Oder gegen einen Dr. Dieter Deuschle, Landesjägermeister, Beisitzender Richter des kirchlichen Verwaltungsgerichtes und Stadtrat der Freien Wähler in der Hochschulstadt Esslingen? Oder gegen Jürgen Kohlheim, ehemaliger Landgerichtspräsident des Saarlandes und Vizevorsitzender des Deutschen Schützenbundes, der seit Langem aktiv

Waffenlobbyismus betrieb? Ich kam mir vor wie David, der gegen Goliath antritt, und genau so wurde ich behandelt. Ich fühlte mich nicht wirklich ernst genommen, denn in der Sache schienen sich die hohen Herren einig zu sein: Wir lassen uns das Recht auf Selbstverteidigung nicht nehmen!

Das klingt zu sehr nach Wildem Westen? Genau deshalb wird es auch niemand laut aussprechen. Das wäre „politically incorrect" und brächte allzu viele Negativschlagzeilen. Darum müssen Ersatzargumente her.

„Wir fordern, großkalibrige Waffen aus Privathaushalten zu verbannen", sagte ich vor dem Ausschuss.

„Geht nicht", erwiderte die Gegenseite. „Der Transport ist zu umständlich."

„Wie bitte? Es ist doch möglich, diese Waffen in zentrale Lager zu schaffen."

„Nein. Dort wird dann eingebrochen."

„Es gibt Tresore mit entsprechenden Sicherheitsstufen. Es ist alles da."

„Geht nicht. Zu teuer. Wer soll das bezahlen?"

„Tresore zu Hause sind teurer als ein zentraler Tresor."

So ging das fort und fort. Keiner der Vertreter der Waffenlobby spricht die Wahrheit aus: Weil wir uns verteidigen wollen, liegen die Waffen im Wohnzimmerschrank oder im Schlafzimmer. Griffbereit und geladen. Was nützen sie im Tresor, wenn der Feind im Haus ist?

Eigentlich, dachte ich, haben diese Leute tatsächlich kein einziges stichhaltiges Argument. Doch sie sind gewiefte Politiker. Sie brauchen keine Argumente. Sie haben ihre Rhetorik. Und hilft selbst die nicht mehr weiter, steht man auf und verlässt den Raum. Oder droht ganz unverblümt. Zwei Millionen Schützen sind ein Kreis von Wählern, den man nicht vor den Kopf stoßen sollte.

Du musst von deinen Gegnern lernen, riet mir ein kluger Kopf. In jenen Tagen lernte ich viel. Als die evangelische Kirche in ihre Akademie nach Bad Boll lud, saßen die gleichen Leute wieder um den runden Tisch.

„Same procedure as last year?", fragt Butler James alias Freddie Frinton im berühmten Kultsketch „Dinner for One". „Same procedure as every year, James", antwortet May Warden als Miss Sophie.

So auch hier: „Wir fordern, großkalibrige Waffen aus Privathaushalten zu verbannen."

„Geht nicht. Der Transport ist zu umständlich."

Die Fortsetzung kennen Sie bereits. Same procedure as every year. Aber etwas war doch anders. Die Kirche hatte geladen, und in ihren Reihen gibt es viele Schützen. Dieses Mal war die Drohung nicht verklausuliert. Dieses Mal hieß es nicht nur, zwei Millionen Schützen solle man nicht vor den Kopf stoßen. Dieses Mal riefen die Verbände zum Kirchenaustritt auf.

Ich konnte es kaum fassen: Das Recht auf Selbstverteidigung war der Waffenlobby mehr wert als die Mitgliedschaft in der Kirche. Wer hätte das gedacht von Politikern, die zumindest in Teilen aus Parteien stammten, die das „C" im Namen führen?

Mir san mir

Trotz aller Bemühungen gelang es der Waffenlobby nicht, das neue Waffengesetz zu verhindern. Zu dünn waren ihre Argumente. Aber was nützt ein Gesetz, wenn der Gesetzgeber es nicht anwendet?

Als Erstes entschieden die Bayern. Der bayerische Innenminister verfügte: Bei uns werden Schützen nicht verdachtsunabhängig kontrolliert.

Mir san mir. So kann man Gesetze auch aushebeln.

Damit kontrollierte man im Freistaat wie gehabt: nach vorheriger Ankündigung. Kein Wunder, dass man bald voller Stolz vermeldete: Bei unseren Kontrollen konnten wir so gut wie keine Verstöße feststellen. Man könnte darüber lachen, wenn es nicht zum Weinen wäre.

Andere Bundesländer zogen nach. Wenn die Bayern das so halten, warum dann nicht auch wir? Und das, obwohl niemand die hohe Dunkelziffer illegaler Waffen ernsthaft infrage stellt.

Woher diese Waffen stammen, ist übrigens keineswegs ungeklärt. Nach dem Mauerfall wurde der Markt überschwemmt mit Waffen aller Art aus den Arsenalen der Nationalen Volksarmee sowie der Roten Armee. Das Ende des Bürgerkriegs in Jugoslawien brachte einen neuen Schub illegaler Ware.

Zu den größten Waffenhändlern Deutschlands gehören übrigens heute noch verschiedene Rockerbanden. In Baden-Württemberg wie in den meisten Bundesländern dominieren vier Gruppen die Szene: der Gremium MC, die Outlaws MC, die Bandidos MC, und die Hells Angels MC – das Kürzel „MC" steht jeweils für „Motorcycle Club". Als mächtigster und mitgliederstärkster Rockerclub der Welt gelten die Hells Angels. Die Gruppe wurde 1948 in Kalifornien von Kriegsveteranen gegründet und führt einen geflügelten Totenkopf als Emblem. „Hells-Angels"-Mitgliedern werden von der Polizei schwerste Straftaten vorgeworfen: Waffenhandel, Mord, Dealerei, Förderung der Prostitution. Der baden-württembergische SPD-Innenminister Reinhold Gall bezifferte die Zahl der Rocker im Südwesten im August 2011 auf 1200 Personen. „Die arbeiten professioneller, als die meisten denken", gab er bei einer Pressekonferenz zu bedenken. Und kündigte gleichzeitig an, den Kampf gegen sie zu verstärken.

Der Bund Deutscher Kriminalbeamter erkennt übrigens unser Anliegen an: Immerhin gehen die Angehörigen des BDK Verdachtsmomenten in Zivil und unbewaffnet nach. Wenn sie dabei auf bis an die Zähne bewaffnete Leute treffen, geraten sie in Lebensgefahr. Die Gewerkschaft Deutscher Polizeibeamte dagegen missbilligt, was wir tun. In ihren Reihen bewaffneter Beamter finden sich viele Schützen.

Neben der immensen Anhäufung illegaler Waffen, die einem potenziellen Attentäter in die Hände fallen können, gibt es die hohe Anzahl legaler Waffen. Auch hier kommen die Schützenvereine ins Spiel. Der Antragsteller muss ein Bedürfnis, das bedeutet: einen vernünftigen Grund für den Waffenerwerb nachweisen. Wer von seinem Schützenverein dieses Bedürfnis anerkannt bekommt, kann im nächsten Waffengeschäft einkaufen gehen. Normalerweise muss man dafür ein Jahr lang Mitglied sein und die Waffen- und Sachkundeprüfung abgelegt haben. Erfüllt man diese

Voraussetzungen, kann man pro Halbjahr zwei Waffen erwerben. Diese werden in die Waffenbesitzkarte eingetragen, welche wiederum die Landratsämter ausstellen.

Mit bestandener Waffen- und Sachkundeprüfung und dem Befähigungsausweis des örtlichen Schützenvereins kann jeder Mann und jede Frau vier Waffen pro Jahr kaufen.

Das sind acht Waffen in zwei Jahren.

Zwölf Waffen in drei Jahren.

Sechzehn in vier.

Da kommt ganz schön was zusammen.

Außerdem gibt es unter den Schützenvereinen auch schwarze Schafe. „Wer 300 Euro bezahlt, bekommt mitunter den Bedürfnisausweis ohne Mitgliedschaft und ohne Waffen- und Sachkundeprüfung", berichtete mir ein Ex-Schütze am Telefon. Hier sind die Verbände gefordert, mit dem eisernen Besen auszumisten.

Was mich seit Janas Tod immer wieder aufs Neue frustriert, ist das deutsche Waffengesetz. Es schreibt klar vor, dass Waffen und Munition getrennt gelagert sein müssen. Damit erinnert es an ein Gesetz, das jeder Eigentümer eines Restaurants kennt: Die Lebensmittelhygiene-Verordnung bestimmt, dass Milch- und Fleischprodukte nicht im selben Kühlschrank aufbewahrt werden dürfen. Während in der Gastronomie die Lebensmittelüberwachungsbehörden den Wirten streng auf die Finger schauen – und zwar mit unangemeldeten Kontrollen – und bei Verstößen harte Strafen ausstellen, kümmert sich beim Waffengesetz keiner um dessen Einhaltung.

Als sei das allein nicht schlimm genug, weist das Gesetz auch noch große Lücken auf. So erlaubt es beispielsweise, Langwaffen mit Pistolen- und Revolvermunition zusammen in einem Tresor zu lagern. Das ist dem Gesetzgeber

Trennung genug. Dabei können manche Langwaffen genau diese Munition verschießen. Doch wehe dem Wirt, der eine Salami neben einen Appenzeller Bergkäse legt!

Nehmen wir einmal die Stadt Fellbach als Beispiel dafür, wie die Behörden die Einhaltung des Waffengesetzes kontrollieren: In Fellbach gab es ein Jahr nach dem Amoklauf von Winnenden 2848 Gewehre und Kurzwaffen. 382 Jäger und Sportschützen sowie Waffensammler und Erben von Waffen mussten nach dem Massaker der Stadtverwaltung darüber Auskunft erteilen, wie sie ihre Waffen und Munition aufbewahren. Zu diesem Zweck wurden Fragebögen verschickt.

Kommen wir noch einmal auf die Lebensmittelhygiene-Verordnung zurück: Wie wird wohl ein Wirt reagieren, wenn er in einem Fragebogen Auskunft darüber geben soll, ob er die Wurst im Kühlschrank neben dem Käse liegen hat? Antwortet er mit Ja, müsste man ihm eigentlich die Lizenz wegen Dummheit entziehen.

Natürlich ergab der Rücklauf der Fragebögen seitens der Waffenbesitzer so gut wie keine Regelverstöße. Wie schön. Dennoch schickte man in 41 Fällen Kontrolleure los, weil eine ganze Reihe Waffenbesitzer den Fragebogen erst gar nicht beantwortet hatten. In sechs Fällen kamen die Kontrolleure unangemeldet und fanden eine Menge Regelverstöße: Es fehlten die vorgeschriebenen Tresore. Waffen und Munition wurden nicht getrennt gelagert. In zahlreichen Schlafzimmern lagen geladene Waffen.

„Die städtischen Kontrolleure wurden von uneinsichtigen Waffenbesitzern teilweise in heftige Diskussionen verwickelt", beschrieb später der stellvertretende Ordnungsamtsleiter der Stadt Fellbach, Peter Bigalk, die unschönen Szenen, denen sich die Kontrolleure ausgesetzt sahen. Auf Strafen verzichtete die Stadtverwaltung trotzdem. Bei groben Verstößen mussten Waffenbesitzer lediglich mit erneuten Kontrollen rechnen. Erst wenn dann immer noch nicht alles in Ordnung war, gab es ein Bußgeld.

Wer in Fellbach falsch parkt, kommt nicht so glimpflich davon, das weiß ich aus eigener Erfahrung. Wer die Salami zum Appenzeller in den Kühlschrank legt, auch nicht. Bei Waffenbesitzern drückt man dagegen landauf, landab ein Auge zu. Oder auch gleich beide. Schließlich finden sich unter ihnen viele Honoratioren. Um Kontrolleure loszuschicken, muss ein Ordnungsamtsleiter seinen ganzen Mut zusammennehmen, denn die Kontrollen können für ihn durchaus unangenehme Konsequenzen haben. Der Schuss – um im Bild zu bleiben – kann für ihn nach hinten losgehen.

Umso wichtiger ist unsere Forderung einer strikten Trennung von Waffen und Munition. Da Patronen zu Hause leicht selbst hergestellt werden können – dazu genügt ein Wiederladegerät, Nitropulver und das Voll- oder Teilmantelgeschoss –, liegt uns die zentrale Lagerung von Waffen und Munition besonders am Herzen.

Ein beliebter Vorwurf, den die Waffenlobby mir immer wieder macht, lautet, dass ich nichts von ihrem Hobby verstünde. Wie so vieles andere ist auch das unzutreffend. Mein Opa besaß ein Flobert-Gewehr, mit dem ich als junger Mann auch gelegentlich geschossen habe. Das Argument vieler Schützen, dass Schießen Spaß macht, kann ich nachvollziehen. Ich erkenne auch ihre Traditionen an. Darum fordere ich gar nicht, dass man Waffen komplett verbietet. Was ich wie Millionen anderer Deutscher möchte, ist, dass diese Waffen zentral gelagert und nicht zu Hause aufbewahrt werden. Schließlich ist in der Bundesrepublik klar geregelt, dass das Führen von Waffen der Polizei, dem Militär und Sicherheitsdiensten vorbehalten ist. Warum nur wollen Hobbyschützen dieses Gesetz nicht anerkennen? Und warum hält der Gesetzgeber seine schützende Hand über sie?

Die Waffenlobby verweist regelmäßig auf die Sammler in ihren Reihen. Was habe der Sammler von seinen Waffen, wenn er sie nicht zu Hause in einer Glasvitrine bestaunen könne? Doch selbst da gibt es Möglichkeiten: Zum einen kann man den Lauf einer Waffe unbrauchbar machen. Zum anderen gibt es biometrische und mechanische Sicherungssysteme, die dafür sorgen können, dass nur noch Berechtigte an ihre Waffen herankommen. Die mechanische Sicherung schreibt sogar das Waffengesetz vor: Wer etwa eine Waffe geerbt hat und sie nicht, wie Jäger oder Sportschützen, benutzen will, muss sie zusätzlich zur Aufbewahrung in einem Tresor mit einem Blockiersystem sichern.

Angesichts solcher Sachargumente bringt die Waffenlobby in der Regel ihr letztes Argument vor: „Das Ganze ist zu teuer. Wer soll das bezahlen?" Doch es gibt Blockiersysteme schon für unter 200 Euro. Die Sicherheit unserer Kinder muss dem Waffensammler dieses Geld wert sein.

Sachlich gibt es also keinen Grund, weshalb die Uneinsichtigen unter den Waffenbesitzern nicht doch irgendwann zur Einsicht kommen sollten. In der staatlichen Praxis allerdings fehlt es am rechten Willen. Vater Staat duldet zwar Käse und Wurst nicht im selben Gastwirts-Kühlschrank. Bei Verstößen gegen das Waffengesetz aber ist seine väterliche Geduld unendlich.

Eine Politik der allzu ruhigen Hand

Gegen die Waffenlobby können wir ohnehin nichts ausrichten. Also versuchen wir es besser gar nicht erst. Dieser Gedanke scheint für viele deutsche Politiker handlungsleitend zu sein.

Für mich war diese Haltung besonders schwer erträglich an den 28 Verhandlungstagen des Winnenden-Prozesses. Dann etwa, wenn ich im Verhandlungssaal mitbekam, wie Jörg Kretschmers Verteidiger die Polizisten, die am Tag des Amoklaufes Dienst hatten, regelrecht auseinandernahmen. Als seien sie schuld am Verlauf des Massakers. Oder wenn Gutachter ausführlich beschrieben, welche Charakterzüge die Getöteten aufwiesen und es mir den Hals zuschnürte, von einem Außenstehenden erklärt zu bekommen, was für ein Mensch meine Tochter war. Wenn jede Schussverletzung detailliert beschrieben wurde, wenn die Experten erläuterten, wie Tim Kretschmer 28 Schuss Munition auf ein einzelnes Opfer abfeuerte. Wenn sie erklärten, wie einer der Getöteten instinktiv den Arm hob, um sich gegen die Schüsse zu schützen, wie viele Projektile dann durch diesen Arm jagten, wie Tim Kretschmer allmählich mehr auf Brust und Bauch seines Opfers zielte...

Wenn ich nach solchen Prozesstagen nach Hause kam, war mein E-Mail-Postfach wieder voll. Ein älterer Jäger bezeichnete die Toten als verbrecherische, abscheuliche

Menschen. Ein anderer Schütze schrieb, seine Kinder würden in der Schule gemobbt. „Passiert ihnen was, werde ich mich an Ihrer Familie rächen", ließ er mich wissen.

Die meisten dieser Menschen meldeten sich anonym. Auch der ältere Jäger setzte seinen Namen lieber nicht unter seine Hassmail. Doch seine T-Online-Adresse verriet ihn. Dieses Mal hatte ich die Nase gestrichen voll. Dieses Mal wollte ich die Verleumdung der Toten nicht auf sich beruhen lassen. Ich erstattete Anzeige und der Mann musste zu seiner größten Verwunderung eine Strafe dafür bezahlen, dass er doch nur geschrieben habe, was seiner Meinung nach die Wahrheit sei.

Ja, es war seltsam, wie viele Menschen in diesen Tagen die Wahrheit zu kennen glaubten. Noch seltsamer aber war, als wie dehnbar sich diese Wahrheit erwies.

„Was bringt es schon, großkalibrige Waffen zu verbieten?", fragte der CDU-Politiker Christoph Palm, Vorsitzender des Sonderausschusses, welcher über die Vorschläge der Andriof-Kommission zu befinden hatte. „Man kann auch mit Kleinkalibern töten."

Das ist nicht falsch. Es gibt Kleinkalibermunition mit enormer Durchschlagskraft. Eine 22 Long Rifle Magnum zum Beispiel schießt durch Wände. Während normale Kleinkaliber eine Hülsenlänge von 15,6 Millimetern haben, wartet diese Waffe mit einer Länge von 27 Millimetern auf. In solch ein Geschoss passt fast die doppelte Ladung Pulver. Man muss kein Ass in Physik sein, um die Folgen zu verstehen: doppelte Pulverladung gleich doppelter Gasdruck gleich doppelte Durchschlagskraft. Ja, Christoph Palm hatte recht: Man kann ganz leicht mit Kleinkalibern andere Menschen töten. Doch daraus die Schlussfolgerung zu ziehen, auch großkalibrige Waffen zu erlauben, kommt einer Verneigung vor der Waffenlobby gleich.

[143]

Was halten wir also von einem Politiker, der Entscheidungen treffen soll, aber stattdessen lieber sagt: Weil wir ohnehin nichts ausrichten können, ist es am besten, nichts zu tun?

Recht besehen kann allerdings von Nichtstun keine Rede sein. Der Sonderausschuss war durchaus aktiv, wenn es darum ging, die Vorschläge der Andriof-Kommission zu zerpflücken. Die Fraktionen von CDU und FDP verhinderten im gemeinsamen Schulterschluss, dass der Sonderausschuss schärfere Vorgaben für die Schützenvereine empfahl. Stattdessen schämte man sich nicht, geradezu bizarre Präventivmaßnahmen zu empfehlen: So sollten Leichtathleten, Skifahrer und Sportschützen in ein gemeinsames Gewaltpräventionsprojekt eingebunden werden. Und was sollen die jungen Sportler da lernen? Biathlon, schlug der Sonderausschuss vor – die Kombination von Langlauf und Schießen. Zunächst hielt ich das wie viele andere für einen Schildbürgerstreich: Die Landesregierung schlägt als Maßnahme zur Gewaltprävention vor, Jugendliche an der Waffe auszubilden. Dann wurde mir klar, dass man es ernst meinte.

Der Vorschlag zeigt, wie tief verwurzelt die Waffenlobby in unserem Parlament und im Ausschuss war. Hinter der bizarren Idee stand nicht einfältige Naivität, sondern eine ausgeklügelte Strategie: Wer den ersten Zug macht, das wissen alle Schachspieler, genießt immer einen Vorteil. Wer angreift, dominiert das Spiel. Zu diesem Zweck gab der Ausschuss sein Bestes: Seit Winnenden würden Schützenvereine zu Unrecht diffamiert, stand in seinem Bericht. Nicht darin stand, dass die Angehörigen der Opferfamilien verfolgt, bedroht und terrorisiert wurden. Es stand auch nicht darin, wie ich in den Foren der Waffenliebhaber wahlweise zum Kinderschänder abgestempelt wurde, angeblich im Ruin lebte oder getrennt von meiner Frau sein sollte. Wohl aber wurde betont, dass Schützenvereine eine sehr gute Jugendarbeit leisteten. Mit anderen Worten: Die Welt ist in Ordnung. Ändern müssen wir nichts.

Daher musste unser Aktionsbündnis sich zur Arbeit dieses Sonderausschusses klar und deutlich äußern. Wir mussten unsere Vorstellungen und Ziele so formulieren, dass selbst die Waffenlobby im Parlament sie versteht. Wir mussten noch mehr Unterstützung gewinnen. Wir mussten im Fernsehen Rede und Antwort stehen und den Zusammenhang zwischen Killerspielen und Gewalt an Schulen verdeutlichen. Wir mussten unsere Vision eines Anti-Gewalt-Tages an jedem 11. März deutlich ausarbeiten.

Es gab immer mehr zu tun. Ich arbeitete rund um die Uhr.

Eines Abends kam ich nach Hause, und Annabell sagte: „Papa, du bist gar nicht mehr da. Ich kann doch am wenigsten dafür, dass Jana tot ist."

Ihre Worte trafen mich wie ein Faustschlag. Ich spürte, wie recht sie hatte. „Ich möchte einen Papa haben", wünschte Annabell sich. „Ich spiele doch auch noch eine Rolle in deinem Leben."

Codewort „Tigger"

Kurz nachdem ich Ulrike kennengelernt hatte, sagte sie etwas, das für uns sehr wichtig werden sollte: „Wenn wir jemals Probleme haben, sollten wir diese nicht in uns hineinfressen." Das wurde zum Grundsatz unserer Beziehung und später unseres Familienlebens. Alles wurde offen angesprochen. Nichts fiel unter den Tisch.

Nach Janas Tod änderte sich das für kurze Zeit. Besser gesagt: Ich veränderte mich. Ich wollte meine Familie schützen vor dem, was im Gerichtssaal, in den Internetforen der Waffenlobby, im Fernsehen und in den Zeitungen geschah. Deshalb begann ich, die Dinge mehr und mehr mit mir selbst abzumachen. Ein Fehler, denn natürlich wusste Ulrike selbst am besten, was für sie gut und richtig war. Sie kam dreimal mit zur Verhandlung, danach sagte sie: „Das muss ich mir nicht antun." Jetzt war es Annabell, die sich sorgte, weil ich mich nicht mehr an die bisher geltenden Regeln hielt.

Es war an der Zeit für mich, die Notbremse zu ziehen und zurückzukehren zum Grundsatz der Offenheit.

Der Wunsch, dass Janas Tod nicht umsonst gewesen sein sollte, hatte vollkommen Besitz von mir ergriffen. Wie konnte ich daran arbeiten, dass er sich erfüllte, ohne mich dabei aufzureiben?

Wieder hatte Ulrike eine gute Idee: „Wir führen ein Codewort ein", schlug sie vor. „Wenn einer von uns nicht länger über die Sache sprechen will, sagt er dieses Wort.

Damit alle wissen, wie es um ihn steht. Dann wechseln wir das Thema."

„Wie soll das Codewort heißen?", fragte ich.

„Tigger", sagte Annabell. „Codewort Tigger."

Damit war die Sache klar. Wer „Tigger" sagte, machte deutlich, dass es ihm zu viel wurde.

Zu den Lieblingsbüchern von Jana und Annabell gehörten die Harry-Potter-Romane. Wenn die Mädchen den jeweils neuesten Band durchhatten, durfte auch ich meine Nase hineinstecken. Alle Potter-Fans auf der Welt wissen, dass der böse Lord Voldemort von der Zauberergemeinschaft nicht beim Namen genannt werden darf. Man beschränkt sich auf die Andeutung „Du weißt schon wer". Nur Harry selbst nennt das Übel beim Namen. Womit wir beim Punkt sind: Wir redet man über ein Massaker, dem ein geliebtes Familienmitglied zum Opfer fiel, in der eigenen Familie? Wie benennt man „die Sache"? Dieses Böse? Mir wurde klar, dass wir Opferfamilien an zwei Fronten zugleich kämpfen mussten: Zum einen gegen die Waffenlobby, gegen die Killerspiele, gegen Gewalt an Schulen und anderswo. Zum anderen gegen eine unheimliche Kraft, die eine funktionierende Familie zerstören kann, weil ein Teil brutal aus ihr herausgerissen wurde und wir keine angemessenen Worte dafür finden.

Genau das drohte uns. Zum Glück aber hatte sich Annabell den Grundsatz unserer Familie zu eigen gemacht: Sie war entschlossen, das Problem beim Namen zu nennen. Sie hatte erkannt, dass mich meine Aufgabe aufzufressen drohte und ihre eigene Rolle in meinem Leben immer unbedeutender wurde. Und sie machte den Mund auf. Dafür bin ich ihr heute noch unendlich dankbar.

Vielleicht hat es damit zu tun, dass Annabell vom Sternzeichen Waage ist und immer den Ausgleich sucht. Bei mir sieht es ganz ähnlich aus: Ein harmonisches Familienleben geht mir über alles. Wenn dazu noch die Herzlichkeit und humorvolle Art von Ulrike kommen, ist es nicht verwunderlich, dass vor Janas Tod in der Familie Schober viel gelacht worden war.

Auch das war nach Janas Tod anders.

Wir mussten das Lachen erst wieder lernen. Das ist uns gelungen, selbst wenn uns einige Zeitgenossen dafür heftig kritisieren. Offenbar sind sie der Überzeugung, dass es nach dem Tod eines Familienmitgliedes bei den Überlebenden keine Freude mehr geben darf, dass man lebenslang trauern muss. Zum ersten Mal bekamen wir das zu spüren, als wir Monate nach dem Amoklauf ein Gartenfest besuchten. Wie Magnete zogen wir die Blicke auf uns. Und mancher dieser Blicke wurde kalt und abweisend, als an unserem Tisch ein Lachen zu hören war.

Wie können diese Leute lachen, haben die keinen Anstand, hörten wir die anderen Gäste tuscheln. Es waren Mitmenschen, die uns für den Rest unseres Lebens in öffentlicher Trauer sehen wollten.

Manchmal ist unser 21. Jahrhundert eben doch nicht so modern, wie es sich gerne gibt. Aber Ulrike, Annabell und ich wussten selbst am besten, wie Jana uns gerne sehen würde: Wir sollten wieder lachen, weil auch sie gerne gelacht hatte.

Früher habe ich über solche Dinge nie nachgedacht. Während ich jetzt meine Gedanken aufschreibe, wird mir klar, dass wir auch vor Janas Tod nicht mit der Masse geschwommen waren. Wir taten nie, was andere taten. Wir legten weniger Wert auf Materielles, wir reisten so viel wie möglich – und wir fraßen nichts in uns hinein.

Was wäre, wenn Jörg Kretschmer, seine Frau, sein Sohn Tim und seine Tochter nach ähnlichen Prinzipien gelebt hätten?

Was wäre, wenn sie ihre Probleme und Sorgen nicht für sich behalten hätten? Wenn sie stattdessen miteinander geredet hätten?

Dann wäre Jana heute noch in unserer Mitte. Winnenden wäre nicht zum Synonym für ein blutiges Massaker geworden, und ich müsste mir all diese Gedanken nicht machen.

Selbst die Waffenlobby könnte besser schlafen. Es gäbe kein Aktionsbündnis, das sich auf die Fahnen geschrieben hat, das Leben in Deutschland sicherer zu machen.

„Chillen wir mal?"

Als Jana zur Welt kam, hatte sich die Nabelschnur um ihren Körper gewickelt. Sie wog nur 1900 Gramm. Eigentlich war sie ein Fall für das „Olgäle", wie die berühmte Kinderklinik Olga-Krankenhaus in und um Stuttgart genannt wird. Doch Ulrike stillte und Jana trank eifrig, deshalb entschieden die Ärzte: „Sie darf bei ihrer Mutter bleiben." Wie jeden frischgebackenen Vater sah man auch mich voller Stolz durch die Klinikflure tigern, und dafür gab es allen Grund: Jana war der Star bei den Krankenschwestern. Sie war winzig und knuddelig oder, wie die Schwestern sagten: Einfach so was von süß! Natürlich machte ich mir Sorgen darüber, dass sie so klein war, doch Ulrike sagte nur: „Warte es ab. Die Jana wird mal richtig stark."

Sie sollte recht behalten. Mit drei bekam Jana die Röteln, mit vier eine Salmonellenvergiftung. Das passierte während eines Bauernhof-Urlaubs im Allgäu. Danach kam nichts mehr. Plötzlich schien Jana resistent gegen alle Krankheiten.

Fragte mich damals jemand, welche Ziele ich für meine Kinder hatte, fiel meine Antwort klar und eindeutig aus: Sie sollen eine ordentliche Ausbildung bekommen. Das bedeutete für mich nicht, dass unsere Töchter auf Teufel komm raus das Gymnasium besuchen mussten. Mein eigener Werdegang war ein gutes Beispiel dafür, dass es auch andere Wege zum beruflichen Erfolg gab.

Als Jana die Grundschule abschloss, hatte sie einen Notendurchschnitt von 2,0. Wir diskutierten zu Hause, auf welche Schule sie gehen wollte.

„Von G 8 weiß man nicht viel. Soll aber ganz schön hart sein", sagte ich. „G 8" meint die Schulreform, nach der Schüler das Gymnasium nicht mehr nach neun, sondern schon nach acht Jahren abschließen. Jana gehörte zum ersten Jahrgang, der unter den neuen Bedingungen antreten musste. Diese Reform wurde in den Medien heiß diskutiert. Es gab noch keinerlei Erfahrungen mit dem achtjährigen Gymnasium, dafür jede Menge Sorgen. Eltern wie Pädagogen befürchteten, dass die Kinder rund um die Uhr lernen müssten, um mit den dichter gewordenen Lehrplänen Schritt halten zu können.

Jana selbst hatte sich noch nicht entschieden. Ein Teil ihrer Freundinnen würde aufs Gymnasium wechseln. Es gab aber auch einige, die die Realschule besuchen würden.

„Schon möglich", gab Ulrike Jana zu bedenken, „dass du auf dem Gymnasium nicht mehr viel Zeit für die anderen Dinge haben wirst."

Zu den „anderen Dingen" zählte vor allem das Tanzen. Tanzen war Janas Leben, und das gab letztlich den Ausschlag. Das und ihre Lieblingsfrage: „Chillen wir mal?" Auf dem Gymnasium könnte es passieren, dass Tanzen und Chillen keinen Platz mehr in Janas Leben finden würden.

„Ich gehe auf die Realschule", entschied Jana mit der ihr eigenen Bestimmtheit.

Wir waren einverstanden. In Winnenden gab es gleich zwei davon, und beide hatten einen guten Ruf: die Geschwister-Scholl-Realschule und die Albertville-Realschule. Jana würde die Albertville-Realschule besuchen, benannt nach der französischen Partnerstadt von Winnenden, im Département Savoie gelegen, die 1992 Austragungsort der 16. Winterolympiade war.

Vier Jahre später sollte ich mir diese Frage nach dem Warum stellen. Warum – diese fünf Buchstaben können einen geradezu verrückt machen.

Warum haben wir Jana nicht aufs Gymnasium geschickt? Warum ist sie nicht in die Geschwister-Scholl-Realschule gegangen? Warum haben wir sie nach dem Tanzwettbewerb nicht ein paar Tage zu Hause gelassen? Sie war doch so müde! Warum sind wir nach Weiler zum Stein gezogen? Wollte ich nicht viel lieber nach Fellbach?

Warum, warum, warum?

Ulrike sagte: „Du darfst diese Fragen nicht zulassen. Das Warum macht dich kaputt."

Aber die Fragen verschwanden nicht.

Warum warst du an jenem Tag in Leipzig? Warum nicht hier?

Meine Grübeleien zogen in meinem Kopf immer größere Kreise: Warum bist du kurz vor dem 11. März nach Wittenberg gefahren? Warum hast du, der nie gläubig war, vor dem Portal der Schlosskirche gestanden, an das nach einer auf Philipp Melanchthon zurückgehenden Überlieferung Martin Luther 1517 seine 95 Thesen angeschlagen haben soll? Warum hast du plötzlich angefangen, dich mit seinem Leben zu befassen? Warum dachtest du: Der hat sich nicht verbiegen lassen. Der könnte ein Vorbild sein?

Warum, warum, warum?

Die Fragen quälten mich. Wieder war es Ulrike, der es gelang, mich aus meinen Grübeleien herauszuholen. Sie gab mir Rückhalt, und gemeinsam gewannen wir Stück für Stück wieder Lebensfreude zurück.

Denn da war noch eine Stimme. Sie gehörte Jana, und sie sagte: „Chillen wir mal?" Dazu lachte sie, weil sie wusste: Zum Chillen braucht man kein Warum.

„Es wurde Zeit, dass sich jemand darum kümmert"

Als ich die Schlosskirche zu Wittenberg besuchte, war ich zunächst nur ein weiterer neugieriger Tourist. Ich fühlte mich wohl in der Immobilienbranche und hatte keinerlei Pläne, die Welt zu verändern. Ich war nicht einmal gläubig. Religion war in meiner Familie selten ein Thema gewesen. Vielleicht lag es daran, dass meine Mutter evangelisch und mein Vater katholisch aufgewachsen waren. Im alten württembergischen Kernland gibt es viele katholische oder protestantische Enklaven, die zur Zeit meiner Eltern noch scharf getrennt waren. Und selbst heute kann einem jeder Taxifahrer in Stuttgart sagen, welche Stadtteile evangelisch und welche katholisch geprägt sind. Als meine Eltern heirateten, waren Mischehen bei den Kirchen nicht gern gesehen. Der Begriff Ökumene war zu jener Zeit noch ein Fremdwort. So behielt ich lange Zeit allem Religiösen gegenüber eine eher passive Haltung.

Dazu passte, dass wir in Weiler zum Stein nicht einmal einen Pfarrer hatten. Wie in vielen anderen kleineren Orten wollte sich die Kirche nach dem Weggang des letzten Pfarrers keinen Nachfolger mehr leisten. Erst nach dem Amoklauf bekam Pfarrerin Rosemarie Gimbel-Rueß die vakante Stelle. Sie machte von Anfang an eine tolle Arbeit, half uns sehr, nahm an der Arbeit des Aktionsbündnisses teil und wurde Vizevorstand im Kuratorium.

In jenen Monaten erinnerte ich mich daran, wie ich vor dem Portal der Schlosskirche zu Wittenberg gestanden hatte. Seltsam, dass ich kurz vor dem Amoklauf auf das Leben Luthers gestoßen war. Seltsam, dass ich inzwischen auch für mein Leben bekennen muss: „Hier stehe ich, ich kann nicht anders." Wie hätte ich damals wissen können, dass ich mich ebenfalls mit mächtigen Menschen anlegen würde? Dass ich mir plötzlich ganz sicher war, dass ich vor keiner Drohung, keiner Verleumdung, vor keinem Hohn und Spott einknicken würde?

Wie hätte ich wissen können, dass mir Menschen begegnen sollten, die mir mit einem ganz einfachen Satz immer wieder neuen Mut gaben: „Es wurde Zeit, dass sich jemand darum kümmert."

Ich ziehe Kraft daraus, wenn ich mich kümmern kann und dabei etwas herauskommt. Wie im Frühjahr 2011, als ich den Südwestrundfunk dazu bewegen konnte, eine Sendung zu machen unter dem Titel „Die vergessenen Helden". Zu diesen Heldinnen und Helden zählte vor allem Janas Klassenlehrerin Marie-Luise Braun. Es hat mich immer gestört, dass Menschen wie der ehemalige Oberbürgermeister Fritz oder die Rektorin Astrid Hahn vom Land mit einer Verdienstmedaille ausgezeichnet wurden, Menschen wie Marie-Luise Braun jedoch nicht einmal erwähnt wurden. Dabei war sie es, die dafür gesorgt hatte, dass Tim Kretschmer nicht noch mehr Kinder aus Janas Klasse töten konnte. Als er das Klassenzimmer betrat, ein Magazin leerfeuerte und das Zimmer verließ, um nachzuladen, war Marie-Luise Braun so geistesgegenwärtig, ihm hinterherzulaufen und die Tür abzuschließen. Daraufhin schoss Tim durch die Tür und verletzte sie schwer.

In all dem Medienrummel, der dem Massaker folgte, fand die Heldentat dieser Lehrerin keinerlei Erwähnung.

Wenn es mir gelingt, diese Ungerechtigkeit aus der Welt zu räumen, und ich dem Satz „Es wurde Zeit, dass sich jemand darum kümmert" gerecht werde, dann lohnt sich meine Arbeit.

Eine ganz normale Familie

Was Jana das Chillen war, ist mir das Frühstück: ein wesentlicher Bestandteil unseres Familienlebens. Das gemeinsame Plaudern und Lachen am Frühstückstisch war und ist mir immer sehr wichtig. Selbst als ich in Heidelberg arbeitete, ließ ich es mir nicht nehmen, lieber ein wenig später ins Büro zu kommen und dafür abends länger zu arbeiten, als auf einen gemeinsamen Start in den Tag zu verzichten. Sonntags war dann ich zuständig dafür, dass etwas Gutes auf den Frühstückstisch kam. Danach ging ich mit den Mädchen oft ins Freizeitbad, und winters fuhren wir alle zusammen Richtung Allgäu oder Alpen. Schwimmen und Ski fahren, das machte jedem von uns Spaß.

Natürlich ging es unter der Woche am Frühstückstisch eiliger zu als am Wochenende. Jana und Annabell mussten mit dem Bus nach Winnenden, auf mich warteten das Büro oder die Autobahn. Ulrike kümmerte sich um den Haushalt. Weil sie das sehr gewissenhaft tut, hatte auch sie unter der Woche alle Hände voll zu tun.

Ich freute mich, wenn ich beim Mittagessen am Familientisch mit von der Partie sein konnte. Mit drei Frauen zu Hause, von denen keine auf den Mund gefallen war, gab es immer genügend Gesprächsstoff. Wir saßen um unseren länglichen Esstisch – ich auf der einen Seite, Jana auf der Bank mir gegenüber, Ulrike und Annabell links und rechts davon. Nach dem Mittagessen wusste ich dann bestens über alles Bescheid, was sich bei den Mädels in der

Schule tat. Danach ruhten sich beide bis ca. 14:30 Uhr aus, bevor sie sich an ihre Hausaufgaben machten. Ich war immer erstaunt, wie diszipliniert sie waren. Überhaupt beweist auch meine heutige Arbeit mit Jugendlichen jeden Tag aufs Neue, dass vieles von dem nicht zutrifft, was in den Medien kolportiert wird: Ich kenne viele Jugendliche, die bei Weitem strukturierter sind als ihre Eltern, welche für meinen Geschmack mitunter viel zu hohe Leistungsmaßstäbe ansetzen aus der Angst heraus, ihre Kinder könnten sonst gesellschaftlich nicht mithalten. Mit dieser unterschwelligen Furcht seiner Eltern musste sich auch Tim Kretschmer auseinandersetzen. Und ist nicht damit klargekommen, mit allen furchtbaren Konsequenzen.

Ein schwieriges Thema. Auch wir hatten unsere innerfamiliären Diskussionen über Leistung, über Geben und Nehmen. Jana wollte beispielsweise im Sommer reiten – und ich wünschte mir in ihrem Zeugnis fünf Zweier. Ich wusste aber, dass mein Wunsch sie nicht unter Druck setzen, sondern anspornen würde. So kam es auch: Am Ende des Schuljahres brachte sie stolz sechs Zweier und eine Eins mit nach Hause. Dem Sommerreiten stand nichts mehr im Wege.

Was hätte ich getan, wenn Janas Zeugnisnoten weniger gut ausgefallen wären? Sie wäre trotzdem zum Reiten gekommen, weil ich von Sanktionen nichts halte. Stattdessen hätte ich mich gefragt, was in der Schule schiefgelaufen war. Bei dieser Frage lohnt es sich, wenn Eltern zuerst einmal bei sich selbst nachschauen und dabei dann zugeben: Unsere Kinder müssen nicht alles können, weil auch wir nicht alles können.

Als Annabell kürzlich mit einer Vier in Mathe nach Hause kam, fragte sie mich: „Hilfst du mir?" Mathematik gehört zu meinen Steckenpferden. Allerdings bin ich kein Talent beim Erklären. Darüber sprach ich mit Annabell und fragte sie, ob ich stattdessen Tatjana um Nachhilfe bitten sollte. Tatjana ist die Schwester von Jacki, die ebenfalls beim Amoklauf ums Leben kann. Nun lernen die beiden Mädchen miteinander Mathematik und haben als gewollten Nebeneffekt die Gelegenheit, sich als betroffene Schwestern auszutauschen.

Ulrike half Jana und Annabell ebenfalls bei den Hausaufgaben, und so konnten die beiden oft nach einer Stunde Hefte und Bücher schließen. Jana ging anschließend mit unserem Hund spazieren. Es gefiel mir, dass sie sich für diese Aufgabe verantwortlich fühlte. Anschließend war Ulrike als Taxidienst gefordert, denn Jana musste sich auf den Weg zur Tanzgruppe machen, während Annabell in die entgegengesetzte Richtung zu ihren Cheerleaderinnen ging. Am Abend war es mein Job, die beiden wieder abzuholen. Natürlich lernte ich bei dieser Gelegenheit auch die Eltern anderer Kinder kennen. Jana hatte in ihrer Tanzgruppe viele Freunde, und so blieb es nicht aus, dass sich auch unter den Eltern eine Clique formte. Sicher waren wir nicht so talentiert wie unsere Kinder, doch am Ende tanzten wir genauso vergnügt wie sie. Ich gründete sogar ein Männerballett.

Nach dem Amoklauf brach der Kontakt zu den anderen Eltern ab. Der Zusammenhalt war über unsere Kinder entstanden, und davon fehlte jetzt eines. Viele Menschen in unserer Umgebung taten sich schwer damit, mit uns umzugehen. Sie wussten nicht, wie sie sich uns gegenüber verhalten sollten. Konnte man in unserer Gegenwart Witze reißen wie früher? Durfte man lachen, wenn wir dabei waren? Wir teilten das Los der meisten Menschen, die einen Schicksalsschlag erlitten haben. Nach dem 11. März standen wir eine Zeit lang ganz allein da. Erst nach und nach gewannen wir neue Freunde und Bekannte, die unsere Gegenwart nicht hemmt, sondern ansport.

Hass auf die Welt

Nachdem Annabell mir gesagt hatte, was ihr auf dem Herzen lag, wurde mir klar, dass ich mein Engagement professionalisieren musste. Ansonsten würde ich mich daran aufreiben und der Familie schaden. Also fasste ich zwei Entschlüsse: Die Aufgaben mussten auf mehrere Schultern verteilt werden. Und ich würde meinem bisherigen Beruf den Rücken kehren und mir Janas Vermächtnis zur Lebensaufgabe machen. Rückblickend war es eine meiner besten Entscheidungen, diese Aufgabe nicht länger als etwas zu begreifen, das ich mit viel Herzblut nebenher betreiben konnte.

In den Tagen des Prozesses war ich besonders froh über meine neue Einstellung. Sie half mir, mit den Finten der Verteidigung und dem langen Zögern der Staatsanwaltschaft zurechtzukommen, die das Gerichtsverfahren für uns Opferfamilien so belastend machten. Auch dass der Angeklagte sich nach wenigen Verhandlungstagen krankmeldete und dem Gerichtssaal fernblieb, musste ich mit meiner professioneller gewordenen Einstellung nicht mehr so nah an mich heranlassen, auch wenn es mir merkwürdig vorkam, dass die Kammer seine Anwesenheit nicht für erforderlich hielt.

Wie groß der Druck auf alle war, zeigte sich, als ein Schöffe Schlagzeilen schrieb, weil man ihn betrunken und mit Gerichtsunterlagen versehen in der Gosse fand. Später entspann sich ein Streit darum, was die Familie Kretschmer über die Tötungsabsichten ihres Sohnes gewusst hatte. Astrid Loy, eine freiberufliche Mediatorin, hatte die Familie Kretschmer nach dem Amoklauf als Mitglied des Kriseninterventionsteams betreut. Sie konnte sich nicht auf ein Zeugnisverweigerungsrecht berufen wie die Psychotherapeutin Juliane Helm, die Tim am Klinikum in Weinsberg behandelt hatte. Vor Gericht sagte Astrid Loy aus, dass Tims Mutter ihr noch am Tatabend von den Besuchen in der Weinsberger Psychiatrie erzählt hatte. Dass Tim der Ärztin dort in einem ersten Gespräch gestanden habe, „einen Hass auf die Welt" zu empfinden, und dass er Leute umbringen wolle – „die ganze Menschheit". Daraufhin wurde sie von Kretschmers Verteidigern so hart angegangen, dass sie ihre Aussage zurückzog. Mit schlimmen Folgen: Inzwischen ist Astrid Loy selbst der Falschaussage angeklagt; das Verfahren ist noch nicht abgeschlossen.

Das alles war nur deshalb überhaupt zu ertragen, weil ich durch Annabells Denkanstoß zu einer neuen Einstellung gefunden hatte. Dass es anderen noch schwerer fiel, wurde deutlich, als Morddrohungen gegen Jörg Kretschmer laut wurden, deren Ursprung man im Umfeld einer albanischen Familie vermutete, deren Kind ebenfalls ein Opfer Tim Kretschmers geworden war.

Auch ich wurde später gefragt, ob ich Rachegedanken gegen die Familie des Täters hege. Das ist eine ähnliche Frage wie die nach der Wut, und auch hier lautet meine Antwort: Nein. Mir war es viel wichtiger herauszufinden, ob Jörg Kretschmer Mitgefühl hatte. Ob er Reue verspürte oder das Gefühl hatte, die Tat seines Sohnes sühnen zu müssen. Dem war nicht so. Kretschmer hielt sich wohl für unschuldig, zumindest verhielt er sich entsprechend: Wie sein Verteidiger im Strafverfahren mitteilte, soll er als Erstes die Firma auf seine Frau überschrieben, dann sein

Geld ins Ausland gebracht haben. Anschließend soll er sich selbst ein Gehalt von 2000 Euro brutto ausgewiesen haben, das heißt, unter der Pfändungsgrenze. Spätestens als sich herausstellte, dass Tim 5000 Euro in einem eigenen Tresor aufbewahrt hatte, wurde den Prozessbeobachtern klar: In diesem Haus regierte das Geld.

Vielleicht war es sein Vermögen, das Jörg Kretschmer so sicher machte, dass er keine Anklage zu befürchten habe. Es kam anders. Jörg Kretschmer wurde verurteilt, wenn auch nicht so, wie wir es uns erhofft hatten. Fünf Jahre ohne Bewährung – das wäre die Strafe gewesen, die die Mehrzahl der Juristen in Deutschland empfohlen hätte.

Auch wenn der Rechtsstreit aufgrund des Revisionsantrags von Kretschmers Verteidigern nach wie vor nicht abgeschlossen ist: Für meine Familie und mich ist das Thema beendet. Wir haben uns längst dem zugewendet, was viel wichtiger ist: dafür zu sorgen, dass sich die Vergangenheit nicht wiederholt.

Häuserkampf
im Kinderzimmer

Studien darüber, wie viel Zeit unsere Kinder vor dem Computer verbringen, gibt es wie Sand am Meer. In der Regel kommen alle zum gleichen Schluss: viel zu viel Zeit. Eine der aktuellsten Untersuchungen, die „Kids Verbraucher Analyse 2011", zeigt, dass selbst Kinder im Vorschulalter inzwischen schon im Internet surfen. Immer häufiger gibt es auch sogenannte 24/7-Kinder: Sie sind 24 Stunden am Tag sieben Tage die Woche online.

Ich halte es für wichtig, immer wieder darüber nachzudenken, wie wir Eltern uns verhalten hätten, wäre der Computer Teil unserer Kindheit und Jugend gewesen. Ich gehöre noch zur „Generation Bolzplatz". Dort habe ich einen großen Teil meiner Freizeit verbracht, zusammen mit anderen Jungs, und mir dabei die Knie aufgeschürft. Heute ist es nicht mehr realistisch zu erwarten, dass Kinder sich dafür begeistern, Stunde um Stunde einem Ball nachzulaufen. Da kann man einen Fußballspieler wie Lukas Podolski noch so sehr als „Straßenkicker" zum Vorbild erheben – eine Menge Jungs, die seine Spielkunst bewundern, bestaunen gleichzeitig sein Handy neuester Machart. Das ist nun mal der Lauf der Zeit, und wir können das Rad nicht zurückdrehen. Ich freue mich über jedes Mädchen und über jeden Jungen, die Lust zum Bolzen haben – aber mir ist auch klar, dass sie ebenso gerne vor dem Computer sitzen.

Das ist der Ausgangspunkt, wenn wir mit den Menschen im ganzen Land über unsere Initiative gegen Killerspiele im Kinderzimmer sprechen. Wenn ich auf den Bolzplatz ging, hatten meine Eltern keine Kontrolle darüber, was ich dort trieb. Allerdings wussten sie, außer dem Ball nachjagen gab es dort nicht allzu viele Möglichkeiten, Dummheiten anzustellen. Warfen sie hin und wieder einen Blick hinüber, sahen sie: Die Jungs sind noch immer beim Kicken.

Wenn sich heutzutage Kinder in ihr Zimmer zurückziehen, um am Computer zu spielen, liegen die Dinge anders. Die virtuelle Welt ist nicht so leicht zu überblicken wie ein Bolzplatz. Das Internet kann auf Knopfdruck Dinge ins Kinderzimmer transportieren, die dort nichts verloren haben. Die Aussage mancher Eltern: „Die Kids sind brav, die sitzen in ihrem Zimmer und spielen Computer", mutet angesichts dessen fast schon naiv an. Dennoch halte ich es für wichtig, nicht mit dem Zeigefinger auf andere Eltern und Kinder zu zeigen, sondern darüber nachzudenken, wie wir uns selbst verhalten hätten mit einem Computer als Freizeitgefährten.

Computerspiele können pädagogisch ebenso wertvoll sein wie Brettspiele. Sie können ebenso viel Spaß machen wie die besten Familienspiele. Sie können ebenso lehrreich sein wie die alten Spieleklassiker. Aber sie können auch anderes: Sie können Kinder in eine viel größere Wut versetzen als ein verlorenes „Mensch ärgere dich nicht"-Spiel. Sie können dafür sorgen, dass Realität und Fiktion sich vermischen. Sie können Urängste wecken. Sie können brutale Aggressionen hervorrufen.

Das alles weiß ich nur, weil ich mich seit Janas Tod intensiv mit dieser Thematik beschäftigt habe. Tims Mutter kaufte ihrem Sohn Killerspiele, die ab 18 Jahren im Handel erhältlich sind. Er spielte sie seit seinem elften Lebensjahr. In Spielen wie „Modern Warfare 2" oder „Counter-Strike" geht es darum, möglichst schnell, möglichst ausgeklügelt, möglichst effektiv Menschen zu töten. Später tat Tim dasselbe in der Realität: Er war schnell, ging nach Plan vor, war erschreckend effektiv.

Es gibt einen guten Grund, weshalb Elektronikdiscounter Jugendliche, die solch ein Spiel erwerben wollen, nach ihrem Ausweis fragen. Solche Kontrollen nützen allerdings nichts, wenn Eltern ihrem Nachwuchs selbst die Spiele kaufen. Es muss schon etwas Furchtbares passieren, wie der Amoklauf von Winnenden, damit dieses Thema überhaupt einmal ins Bewusstsein der Menschen rückt.

Vielleicht wird das in Zukunft anders sein, wenn eine Generation von Menschen Eltern wird, die ganz und gar mit dem Computer aufgewachsen ist. Menschen, die sich daran erinnern, selbst Spiele auf dem Computer gespielt zu haben, für die sie eigentlich noch viel zu jung waren. Und die genau deshalb nicht wollen, dass ihr Kind etwas Vergleichbares in die Finger bekommt. Diese Generation Eltern wird mit Internet-Zugangssperren einfacher umgehen können als die heutige Elterngeneration. Wir sind nicht mit dem Computer aufgewachsen, wir haben den Umgang mit ihm erst lernen müssen. Unsere Kinder aber leben mit dem Computer. Dadurch haben sie zunächst einmal alle Möglichkeiten, die virtuelle Welt von ihrer schlechtesten Seite kennenzulernen. Deshalb gilt: Auch wenn wir uns damit schwertun mögen – es liegt an uns, dafür zu sorgen, dass sie derart schädlichen Einflüssen entzogen sind.

Brauchen wir Spiele, in denen es darum geht, andere Menschen dutzendweise umzubringen? Die Fans von Killerspielen argumentieren häufig: Ihr seid doch scheinheilig. Zu eurer Zeit gab's Plastiksoldaten, die ihr zu Hunderten aufgestellt und niedergemäht habt. Ihr habt „Cowboy und Indianer" gespielt, und es ging um nicht anderes, als den anderen umzulegen.

Da ist was dran. Auch wenn jeder von uns aggressive Impulse in sich trägt, macht es aber dennoch einen großen Unterschied, ob ein 11-jähriger Junge mit Cowboys oder Plastiksoldaten spielt und dabei allein seine Fantasie die Handlung vorantreibt, oder ob er sich durch eine Häuserschlacht kämpft, die in real wirkenden, dreidimensionalen Bildern vor ihm abläuft.

Trotzdem fordern wir vom Aktionsbündnis nicht blauäugig ein schlichtes Verbot solcher Spiele. So etwas ist schwer durchzusetzen. Deshalb sind wir zunächst einmal für einen besseren Jugendschutz. Ein Elfjähriger darf nicht in der Lage sein, sich die Spiele herunterzuladen. Er soll diese Spiele auch nicht von seinem großen Bruder bekommen. Und von seinen Eltern schon gar nicht.

Unser Jugendschutz ist ein Papiertiger. Viele kluge Leute haben viele kluge Worte auf viele Seiten geschrieben. Ein laues Lüftchen genügt, und es bleibt nicht viel davon übrig. So unterwerfen sich die Spielehersteller beispielsweise einer Selbstkontrolle. Sehr löblich, sollte man meinen. Dafür haben sie sogar eine Institution ins Leben gerufen, die Unterhaltungssoftware Selbstkontrolle (USK).

Doch machen wir uns nichts vor: Was ist das Ziel eines Spieleherstellers? Genau: Umsatz zu generieren und den Gewinn zu vergrößern. Und bei jedem Spiel steigt der Gewinn, wenn es nicht erst ab 16 Jahren, sondern schon ab 12 Jahren verkauft wird. Die Zielgruppe ist damit sehr viel größer. Die Selbstkontrolle der Spieleindustrie ist folglich nicht viel wert. Jeder, der Diät halten muss und plötzlich vor einer Sahnetorte sitzt, weiß, wie schwer Selbstkontrolle ist. Bei Killerspielen können die Folgen aber gravierender sein als beim Verzehr von Sahnetorte. Deshalb sagen wir: Kontrolle ist gut, Selbstkontrolle ist es nicht. Wir fordern eine staatliche Kontrolle nach dem Vorbild des TÜV. Diese legt fest, ab welchem Alter ein Spiel auf den Markt kommt.

Der Killerspiel-Killer

Etwas, das man früher vor allem in der chemischen Industrie oder der Medizintechnik kannte, macht seit Jahren auch in der Computerbranche von sich reden: die Grundlagenforschung. Die ganze Sache begann im Kino: Sogenannte Blockbuster – das sind Filme, die weltweit über einhundert Millionen Dollar an der Kinokasse einspielen – waren bis in die 1980er-Jahre hinein unbekannt. Dann kam ein Regisseur namens George Lucas mit „Star Wars", und seither ist alles ganz anders. Inzwischen planen Filmproduzenten die Blockbuster am grünen Tisch. Was will der Zuschauer weltweit sehen? Wo treffen sich die Geschmäcker? Und vor allem: Was macht einen Film „unique", also einzigartig?

Immer häufiger wird diese Einzigartigkeit durch Computereffekte erzielt. Der Film „Terminator 2" wurde zum Blockbuster, weil darin etwas relativ Neues zu sehen war: das sogenannte Morphing, mit dessen Hilfe sich etwa ein Roboter in nahtlos ineinander übergehenden Bildern in einen Menschen verwandelt. War der Effekt Anfang der 90er-Jahre noch einigermaßen revolutionär, kann man heute Morpher-Programme auf jeden Standardrechner herunterladen.

Das ist die Krux an der Sache: Filmeffekte von heute werden morgen Bestandteil von Computerspielen. Als in den 80er- und 90er-Jahren die Helden des amerikanischen Kinos muskelbepackte Rambotypen waren – Sylvester

Stallone, Arnold Schwarzenegger oder Jean-Claude van Damme –, ahnten die wenigsten, dass sie zu Vorbildern für eine Generation von Killerspielen werden sollten, die jetzt in den Kinderzimmern zum Einsatz kommen. Was wir heute an Filmen vorgesetzt bekommen, werden morgen unsere Kinder als Spiel besitzen. Wer heute an den allerneuesten visuellen Effekten tüftelt, kann nicht wissen, ob seine Entwicklungen später einem Killerspiel zu noch mehr Realitätsnähe verhelfen.

Stephan und Christian Stein sind zwei Brüder, die das Gegenteil eines Killerspiels entwickelten – sie programmierten den Killerspiel-Killer. Ihre Idee basiert auf dem Gedanken, dass wir die Entwicklung der Spiele nicht verhindern können. Weil es daher schwierig bis unmöglich ist, dafür zu sorgen, dass sie nie auf die Computer unserer Kinder gelangen, wäre es gut, wenn Eltern ein Mittel zur Verfügung hätten, mit dessen Hilfe sie auf einen Blick erkennen könnten, was ihre Kinder auf dem Rechner installiert haben. Noch besser wäre es, wenn die nicht altersgerechten Programme dann ganz leicht gelöscht werden könnten.

Mit dem Programm „NeoGuard 2010" der Gebrüder Stein war das möglich. 80 000 Euro investierten die beiden in die Entwicklung der Software. Etwas zu früh präsentierten sie ihr Werk in Günther Jauchs „Stern TV". Dort fand die Software zwar neun von zehn zuvor installierten Killerspielen, was Günther Jauch schwer beeindruckte. Dennoch war das Programm noch nicht sattelfest. Die abgespeckte Version konnte von Hackern geknackt werden.

Womit wir einen heiklen Punkt berühren: Die Killerspieleindustrie ist noch potenter als die Waffenlobby. Sie setzt 30 Milliarden Euro pro Jahr um, Tendenz steigend. Hier kämpft man mit harten Bandagen, der Konkurrenzdruck der Anbieter ist ungeheuer. Wer da kommt und in die Suppe spuckt, bekommt es mit Anwendern zu tun, die ihre Spiele häufig selbst mit der Realität verwechseln. Die Stein-Brüder wurden mit dem Tod bedroht. Am Ende gaben sie klein bei. Damit war eine hervorragende Möglichkeit für alle Eltern, die Kontrolle über die Computer ihrer Kinder zurückzugewinnen, vom Tisch.

Die schwarz-gelbe Lobby
der Spieleindustrie

Vor dem Amoklauf von Winnenden habe ich mich nicht
damit beschäftigt, wie das Zusammenspiel von Politik und
Wirtschaft funktioniert. In meinem damaligen Beruf gab
es sicher ähnliche Konstellationen, wie ich sie heute im
Zusammenhang mit der Waffenindustrie und der Spieleindustrie entdecke. In den einschlägigen Informations-
medien liest man über diese Verbindungen eher selten
etwas.

Das „Politiklexikon" von Klaus Schubert und Martina
Klein definiert „Politik" als „jegliche Art der Einfluss-
nahme und Gestaltung sowie die Durchsetzung von Forderungen und Zielen, sei es in privaten und öffentlichen
Bereichen". Im Lobbyismus wiederum beeinflussen Inter-
essengruppen die Politik durch persönliche Kontakte und
Öffentlichkeitsarbeit. In beiden Fällen geht es also darum,
die eigenen Ziele durch Manipulation anderer zu erreichen.

Was tut man nun, wenn man das Ziel hat, Waffen zu verkaufen oder aber Computerspiele leichter unters Volk zu
bringen?

Die Antwort liegt auf der Hand: Man versucht, Leute
für sich zu gewinnen, die dabei helfen können, die Ver-
kaufshürden niedriger zu gestalten. – Das können nur Politiker. Sie machen unsere Gesetze.

Wenn nun drei Bundestagsabgeordnete im Februar 2011 irgendwo im Reichstagsgebäude eine sogenannte LAN-Party veranstalten, bei der sich die Kollegen und Kolleginnen bei allerlei Computerspielen messen können, machen sie das nicht einfach aus Spaß an der Sache. Sie machen es, weil sie von der Spieleindustrie entsprechend beeinflusst wurden. Die Abgeordnete Dorothee Bär von der CSU fand es „hervorragend", die virtuelle Welt der Videospiele an die Abgeordneten heranzutragen. Ihre Kollegen Jimmy Schulz und Manuel Höferlin, beide FDP, höchstwahrscheinlich auch, sonst wären sie nicht mit von der Partie gewesen. Dazu schmückte sich das Dreigespann noch mit einem „medienpädagogischen Vortragsprogramm" und einigen Leuten, die viele Titel tragen: In diesem Fall mit Jürgen Sleegers, Mitarbeiter von Prof. Dr. phil. Jürgen Fritz, Leiter des Forschungsschwerpunkts „Wirkung virtueller Welten" an der Fachhochschule Köln, und mit Prof. Dr. phil. habil. Winfred Kaminski, Direktor des Instituts für Medienforschung an derselben Hochschule. Beide sind seit Jahren eifrige Lobbyisten der Spieleindustrie.

Worum geht es bei dieser Art von Zusammenspiel zwischen Politikern, Medienwissenschaftlern und Spieleherstellern? Häufig ist die Ruhigstellung kritischer Kollegen das Ziel. Geschäfte lassen sich am besten tätigen, wenn es keine Negativschlagzeilen gibt. Deshalb ist ein Amoklauf ganz schlecht fürs Business, vor allem, wenn sich danach herausstellt, dass der Attentäter eine Vorliebe für Killerspiele hatte und seine eigene Mutter sie ihm besorgte. Dann braucht man rasch ein paar Veranstaltungen, die den aufgeschreckten Kollegen im Bundestag die ärgsten Sorgen wieder nehmen.

Übrigens: Das Wort „Killerspiel" stammt nicht von uns Spielegegnern, auch wenn die Spiele-Lobby das gerne behauptet. Es wird in der Politik ganz offiziell verwendet. Im Koalitionsvertrag der Großen Koalition aus dem Jahr 2005 etwa wurde die Forderung nach einem Verbot von Killerspielen eingebracht, ohne später realisiert zu werden. Der Schweizer Nationalrat definierte im Jahr 2009 Killerspiele als Spielprogramme, in denen grausame Gewalttätigkeiten gegen Menschen und menschenähnliche Wesen zum Spielerfolg beitragen. Für den Wissenschaftlichen Dienst des Deutschen Bundestages sind Killerspiele Computerspiele, in denen das realitätsnah simulierte Töten von Menschen wesentlicher Bestandteil der Spielhandlung ist.

Geradezu ein Methusalem unter diesen Spielen ist „Counter-Strike". Trotz seines Alters ist die Popularität dieses Spiels ungebrochen. Zum ersten Mal wurde es am 19. Juni 1999 veröffentlicht. In Counter-Strike geht es um tödliche Gefechte zwischen Terroristen und einer Antiterroreinheit. Durch Eliminierung der Gegner erhält man Punkte und virtuelles Geld. Schießt man versehentlich die eigenen Teammitglieder oder Geiseln ab – in der realen Kriegsführung nennt man das zynisch „Kollateralschaden" –, werden einem Punkte und Geld abgezogen. Das sind die wichtigsten Regeln, die jeder versteht.

Trotz seiner heute veralteten Softwaretechnik wartet Counter-Strike mit realitätsnahen dreidimensionalen Darstellungen der Einsatzorte auf. Das können Straßen sein, Gebäude oder auch Innenräume. Auf diese Weise lässt sich der Häuserkampf ganz lebensnah üben – auch für Spieler, deren Berufsziel nicht das Präzisionsschützenkommando der Polizei ist, die GSG 9 oder das Sondereinsatzkommando SEK.

Manche Killerspiele wurden für die amerikanischen Äquivalente solcher Spezialeinheiten weiterentwickelt. Heute dienen sie psychisch angeschlagenen Menschen dazu, virtuell das Töten möglichst vieler Menschen zu üben. Bei Counter-Strike stehen dafür sogenannte Primärwaffen zur Verfügung. Das sind Schrotflinten, Maschinenpistolen, Sturmgewehre, Scharfschützengewehre und Maschinengewehre. Außerdem Handgranaten, Blendgranaten und Rauchgranaten. Reicht das nicht aus, kommen „Sekundärwaffen" wie Pistolen zum Einsatz, dazu Kampfmesser für den Nahkampf. Das ganze Arsenal ist übrigens realen Waffen nachempfunden. Nur aus Gründen des Markenrechts wurden die Namen verändert. So wurde aus der SIG 552 eine Krieg 552 und aus der Steyr Scout eine Schmidt Scout.

Neben dem von der Onlineplattform Gamers.com verliehenen Titel „Spiel des Jahres – Game of the Year 2000" gewann Counter-Strike über zwanzig weitere Auszeichnungen. Der Verkaufserfolg bricht alle Rekorde: Über 15 Millionen Exemplare des Spiels kursieren weltweit; die Anzahl zusätzlicher illegaler Downloads ist nicht bekannt.

Ich weiß aus eigener Erfahrung, dass Computerspiele süchtig machen können. Beim Spiel „Oil Tycoon" wird der Spieler zum Ölpionier und beeinflusst durch seine Spielweise ökonomische und ökologische Entwicklungen. Als ich dieses Spiel zum ersten Mal ausprobierte, startete ich am frühen Abend. Als ich das nächste Mal auf die Uhr schaute, war es 7 Uhr morgens. In all den Stunden hatte ich völlig vergessen, dass ich müde, hungrig und durstig war. Meine Augen brannten, mein Kopf schmerzte. Seither ziehe ich nicht mehr in Zweifel, dass der auf zahlreichen Computerspielen zu lesende Hinweis auf die Gefahr einer Dehydrierung berechtigt ist.

Wenn sich Politiker des demokratisch gewählten Deutschen Bundestages für Spielehersteller stark machen, dient das nicht ihren Wählern, sondern ihnen selbst und ihren

Auftraggebern. Denn nach einer Umfrage von infratest wünschen sich 40 Prozent der Bundesbürger ein Verbot von Killerspielen. 28 Prozent wollen, dass ihre Verbreitung stärker kontrolliert wird. 22 Prozent wünschen sich eine Heraufsetzung der Altersgrenze. Das ist eine satte Mehrheit, gegen die 10 Prozent der Bevölkerung stehen, die dafür sind, dass alles bleibt, wie es ist. Diese Minderheit wird durch Abgeordnete wie Dorothee Bär, Jimmy Schulz und Manuel Höferlin bedient. Die schweigende Mehrheit dagegen hat keine Lobbyisten.

Das war die Situation, die ich nach dem Amoklauf von Winnenden vorfand. Unser Aktionsbündnis ist angetreten, um daran etwas zu ändern. Wir wollen unsererseits die Politik beeinflussen. Nicht, um damit Geld zu verdienen, sondern um die Sicherheit unserer Kinder zu erhöhen. Auch in diesem Punkt also sind wir das Sprachrohr der schweigenden Mehrheit.

Erste Erfolge

Der Anruf kam aus dem Sauerland. Im Sommer 2010 fragte Pfarrer Ettmeyer an, ob ich zum Buß- und Bettag in seiner Gemeinde vorbeikommen könne: Eine Podiumsdiskussion über Gewalt an Schulen stehe an. Eingeladen waren ein Schulpsychologe und der örtliche Polizeichef. Solche Veranstaltungen sage ich gerne zu, weil dort Menschen zusammenkommen, die eine ehrliche Angst um ihre Kinder motiviert.

„Ich kann unser Klassenzimmertheater mitbringen", schlug ich vor. Es trägt den Titel „War doch nur Spaß!" und ist für die Klassenstufen sieben bis zwölf vorgesehen. Darin geht es nicht nur um den exzessiven Ausbruch von Gewalt wie bei einem Amoklauf, sondern auch um die Gewalt im Versteckten, die wir häufig gar nicht mehr wahrnehmen. Wo sind die Grenzen, wann wird aus Spaß Ernst?

Das Theaterstück wurde im Auftrag unserer Stiftung von dem Schauspieler Thomas Fritsche und der Regisseurin Helga Fleig zusammen mit Theaterpädagogen und Friedensforschern entwickelt. Es ist interaktiv, was bedeutet, dass die Schüler nicht nur passiv zuschauen, sondern aktiv mitwirken können. Bei allem Ernst der Thematik kommt auf diese Weise eine ungezwungene Atmosphäre auf, die häufig dazu beiträgt, dass sich die Schüler nach der Aufführung öffnen. Dann reden sie über Mobbing oder Gruppenzwang und andere Dinge, die ihnen auf dem Herzen liegen und die sie sonst lieber nicht ansprechen. „War doch nur Spaß!" entwickelte sich zu einem echten Renner. Bis heute wurde es schon über 220-mal kostenlos an Schulen aufgeführt.

Pfarrer Ettmeyer war von meinem Vorschlag begeistert. „In unserer Gemeinde bekommen wir 400 Schülerinnen und Schüler zusammen", meinte er. „Wie lange dauert die Aufführung?"

„45 Minuten. Eine Schulstunde. Wenn danach Zeit bleibt zur Diskussion, umso besser."

Gesagt, getan. Wir waren mitten in der Aufführung des Stücks – genau an der Stelle, an der der Englischlehrer Herr Weiß eine Schülerin mit Kopftuch sarkastisch fragt: „Von was träumst du, Neshe, von einer besseren Welt oder einem neuen Pullover?" –, als mein Handy vibrierte. Es war ein lang erwarteter Anruf. Ich ging hinaus, um ihn entgegenzunehmen. Zehn Minuten später wollte ich in die Schule zurück. Es ging nicht; die Tür war verschlossen. Für einen Moment war ich perplex und rüttelte am Türknauf. Dann sah ich die Klingel und das Schild. „Bitte läuten" stand darauf. Jetzt ging mir ein Licht auf. Die Schule war verschlossen, damit Unbefugte nicht hineinkommen konnten. Eine simple und gut funktionierende Vorbeugungsmaßnahme, die in Ländern wie den USA oder Polen weitverbreitet ist, sich in Deutschland aber nur langsam durchsetzt. Im Sauerland war man diesbezüglich weiter als anderswo.

Nach der Aufführung sprach ich die Rektorin der Schule darauf an. Ein kleines Lächeln spielte um ihren Mund, als ich erzählte, wie ich leicht verdutzt vor der verschlossenen Tür gestanden hatte.

„Dabei sind Sie der Ideengeber", sagte sie, „das heißt, Ihre Stiftung. Wir hatten hier selbst schon Grund zur Sorge.

Eine Tür so zu bauen, dass man heraus-, aber nicht hinein-kann, war leicht umzusetzen."

Für einen Moment schweiften meine Gedanken ab. Wie schön wäre es gewesen, hätte jemand an der Albert-ville-Realschule dieselbe Umsicht gezeigt ... doch schnell kehrte ich in die Realität zurück. Hier im Sauerland hatte man die Ereignisse ernst genommen und mit einer klei-nen Maßnahme große Wirkung erzielt. Was mich aber am meisten freute, war, dass die Anregungen unserer Stiftung offenbar Adressaten fanden, die wir gar nicht persönlich kannten. Wir erreichten also die Basis. Genau so hatte ich mir das immer vorgestellt.

Am Abend fand in der Kirche von Pfarrer Ettmeyer ein Gottesdienst statt. Er bat mich, die Fürbitten zu sprechen. Normalerweise tue ich mich schwer mit öffentlichen Auf-tritten. Dabei spielt es keine Rolle, ob es sich um ein Fern-sehstudio, eine Podiumsdiskussion oder eine Andacht han-delt. Doch an diesem Tag fiel mir die Aufgabe leicht. Die unmittelbare Erfahrung, dass unsere Arbeit auf frucht-baren Boden stieß, hatte mir Mut gemacht – und diesen Mut gebe ich gerne weiter an andere Menschen, die einen lieben Angehörigen verloren haben.

„Es gibt Menschen, die aufhören zu leben, wenn so etwas passiert", sagte ich. „Gerade dann muss man sich dem Leben neu zuwenden. Wie meine Tochter Jana möch-ten auch Ihre verstorbenen Angehörigen nicht, dass Sie keinen Lebensmut mehr aufbringen."

Nach dem Gottesdienst sah ich mich umringt von Be-suchern, die über dieses Thema sprechen wollten. In die-sem Augenblick wurde mir bewusst, wie häufig wir uns in Phasen der Trauer und Ohnmacht selbst vernachlässigen. Vielleicht gelingt es mir deshalb immer wieder, anderen Menschen neuen Mut zu schenken, weil mein Schicksals-schlag mit einem Ereignis verknüpft ist, von dem alle gehört haben? Ich bin zutiefst davon überzeugt, dass wir das Menschliche im Leben immer dann besonders hervorheben müssen, wenn etwas Furchtbares geschehen ist. Momentan ist unsere Gesellschaft einem enormen Wandel unterzogen. Die Menschen sind nicht mehr bereit, das, was seitens „der Politik" und „der Wirtschaft" geschieht, einfach hinzunehmen. Wo immer ich hinkomme, spüre ich Aufbruchsstimmung. Ich weiß, wir haben jetzt die große Chance, das Menschliche im Leben neu zur Geltung zu bringen, und ich bin zuversichtlich, dass es uns gelingt. Die Mehrheit der Menschen will es so.

Das Kostbarste, was wir haben: unsere Kinder

„Alles ist miteinander verbunden und hat einen Sinn", schrieb der Schriftsteller Paulo Coelho. Was das konkret bedeutet, wird mir immer wieder aufs Neue klar – meist anhand von Erfahrungen, wie ich sie im Sauerland machen durfte. Wir hatten zu jener Zeit schon eineinhalb Jahre Stiftungsarbeit hinter uns. Die Stiftung war etabliert, unser Engagement anerkannt, selbst von manchen Schützen, Jägern und Waffensammlern. Wir erhielten Anrufe, E-Mails und Briefe, in denen wir um Hilfe gebeten wurden: Wie können wir unsere Schule sicherer machen? Wie die Gewalt auf dem Schulhof eindämmen? Wie auffälligen Schülern begegnen? Wie helfen wir unseren Kindern gegen die Flut von medialen Eindrücken, der sie nicht gewachsen sind? Dass manche Schulen unsere Anregungen von anderen Schulen übernahmen, mit denen wir bereits in Kontakt getreten waren, machte mir besonders viel Freude. Offenbar gibt es tatsächlich eine Art Vernetzung. Darum ist es sinnvoll, weiterzumachen.

Denn es war keineswegs so, dass ich in jeder Minute frei von Zweifeln war. Natürlich wusste ich, dass jede gesicherte Schule ein weiterer Schritt auf dem richtigen Weg ist. Ich wusste, dass jede Aufführung des Klassenzimmertheaters dazu beitrug, Schülern Toleranz und Verständnis näherzubringen. Und ich wusste, dass jede von uns organisierte

Diskussion mit jungen Menschen die Gewaltbereitschaft einschränken kann. Vor allem wusste ich, dass Jana unsere Arbeit sieht und mit dem Ergebnis zufrieden ist. Trotzdem gab es Tage, an denen ich nicht mehr konnte. An solchen Tagen wurde mir alles zu viel. Dann dachte ich vor allem darüber nach, dass wir die hartgesottenen Waffennarren mutmaßlich niemals überzeugen werden. Heute nicht und morgen nicht und übermorgen auch nicht. Diese Menschen sind von Angst getrieben, und diese Angst lässt sich nicht wegdiskutieren. Sie ist tief in den Menschen verwurzelt. Deshalb glauben sie, eine Waffe zur Hand haben zu müssen, um sich notfalls verteidigen zu können, gegen was und wen auch immer. Diese Angst ist eine archaische Angst; sie stammt aus einer frühen Epoche in der menschlichen Entwicklungsgeschichte, in der der Mensch als Jäger und Sammler unterwegs war. Viele von uns haben diese Angst längst überwunden, andere hingegen nicht. Wer von ihr besessen ist, ist Argumenten nicht zugänglich, und seien sie noch so gut.

An Tagen, an denen mir alles zu viel wurde, dachte ich daran, dass wir einen Marathon zu bewältigen haben, keinen Hundertmeterlauf. Wie jeder Sportler weiß, muss man sich auf der Langstrecke die Kräfte besonders gut einteilen. In unserem Fall hieß das, weitere Verbündete zu gewinnen, um die anstehenden Aufgaben auf noch mehr Schultern verteilen zu können. Weil wir nur gemeinsam etwas erreichen können, setzte ich mehr denn je auf die Stiftungsstruktur unserer Arbeit.

Über Monate gab unsere offensiv geführte Suche nach weiteren Verbündeten unseren Gegnern Auftrieb: „Der Schober ist pleite", las ich im Internet. „Jetzt gründet er eine Stiftung, setzt sich an ihre Spitze und macht sich einen ruhigen Lenz."

Das war noch ein freundlicher Kommentar. Es gab auch andere, die mir wirklich unter die Haut gingen: „Sie wollen nur am Tod Ihrer Tochter Geld verdienen", stand in der Internetplattform Waffen-Online. Solche Reaktionen sind es, die mich ahnen lassen, dass ich niemals alle Leute von unserer Sache werde überzeugen können – selbst wenn sie ihrerseits Kinder haben und nie wissen können, ob diese nach der Schule wieder gesund nach Hause kommen werden. Trotzdem, sagte ich mir, musst du auch für diese Leute kämpfen.

Also ging ich auf diese und andere Beleidigungen, Pöbeleien und Grobheiten gar nicht groß ein, sondern verwendete meine Kraft und Energie lieber darauf, weiterzumachen. Schließlich setzen wir uns mit der Stiftung dafür ein, allen Kindern größere Sicherheit zu gewähren. Egal, woher sie kommen, welche Hautfarbe sie haben, welcher Religion sie angehören, wie es um ihr Elternhaus bestellt ist: Zweck der Stiftung ist es, dazu beizutragen, dass eine Wiederholung von Amokläufen wie in Winnenden und Wendlingen verhindert wird.

Das kann man gar nicht oft genug sagen: Wir müssen alles tun, um in Zukunft Amokläufe zu verhindern. Dazu gehört in erheblichem Maße, zur Gewaltprävention an Schulen beizutragen. Dort muss ein positives Klima geschaffen und Angriffe der Schüler untereinander, aber auch auf Lehrer und Mitbürger müssen gestoppt werden.

Obwohl wir inzwischen auf einen großen Kreis von Partnern und Unterstützern zählen können, vergessen wir nicht, dass in der Stiftung zunächst einmal einige Opferfamilien ihren Beitrag zur Früherkennung und Prävention gegen Gewalt an Schulen leisteten: diejenigen also, die am meisten erdulden mussten, denen die politischen Fehler der Vergangenheit liebe Angehörige entrissen haben. Diese

[181]

Menschen erhoben ihre Stimme, weil etwas passieren musste. Weil sie nicht damit einverstanden waren, dass man nach einigen Wochen der Diskussion heimlich, still und leise wieder zur Tagesordnung überging. Für sie war unvorstellbar, dass außer ein wenig Augenwischerei nichts unternommen wird. Einigen der beteiligten Opferfamilien war klar: Mit der Stiftung machen wir uns auf einen langfristig angelegten Weg, und das wird auch nötig sein. Waren wir am Anfang noch allein auf weiter Flur, gesellten sich im Laufe der Zeit immer mehr Partner dazu. Einer der wichtigsten ist der Kreisjugendring Rems-Murr e.V. Er ist die jugendpolitische Interessensvertretung von über 70 000 Jugendlichen im Rems-Murr-Kreis, zu dem auch die Stadt Winnenden gehört. Für unsere Stiftung ist er auch deshalb so wertvoll, weil im Kreisjugendring eine umfangreiche Erfahrung in Sachen außerschulischer Jugendbildung vorhanden ist.

Auch der Bund Deutscher Kriminalbeamter, BDK, war schnell mit im Boot. Er leistet einen wichtigen Beitrag zur Entwicklung einer praxisnahen und fortschrittlichen Kriminalitätskontrolle. Damit haben wir ein gemeinsames Interesse. Denn um in Zukunft Amokläufe wirksam verhindern zu können, brauchen wir realistische Menschen, die die Praxis hautnah kennen.

Ein weiterer wichtiger Partner ist die IANSA (International Action Network on Small Arms), eine weltweit organisierte Bewegung gegen Waffengewalt. Sie ist in meinen Augen das genaue Gegenteil der Waffenlobby. Während diese versucht, durch Beeinflussung von Politikern und Medien dafür zu sorgen, dass mehr Waffen verkauft werden, will die IANSA Produktion, Handel und Besitz kleiner und leichter Waffen eindämmen. In den Onlineforen der Waffenbefürworter werden IANSA-Mitglieder als „dümmliche Gutmenschen" bezeichnet. Tatsächlich geht es ihnen darum, weltweit die Sicherheit unbewaffneter Menschen gegenüber ihren bewaffneten Mitbürgern zu erhöhen. Wir versprechen uns einiges von der Zusammenarbeit mit der IANSA, denn kaum eine Organisation auf dieser Welt kann auf eine so große Erfahrung im Kampf gegen Waffenhersteller, Waffendealer, Waffenlobbyisten und „beeinflusste" Politiker zurückblicken.

Weil der Hauptansatzpunkt unserer Arbeit in Schulen zu finden ist, war es mir wichtig, eine starke Organisation zu gründen, die sich für die gewaltfreie Schule einsetzt. Darum ist unsere Stiftung Mitglied im „Bildungsnetzwerk Baden-Württemberg", ebenso wie die „Aktion Humane Schule e.V.", die „Schule mit Zukunft e.V.", die Initiative für (Reform-)Pädagogik und die Initiative „Not der Kinder – Wurzeln der Gewalt". Uns allen geht es darum, die Lebens- und Lernbedingungen in Bildungseinrichtungen zu verbessern. Was wir dort brauchen, sind mehr Miteinander und Mitverantwortung und weniger Ausgrenzung und Beschämung. Kurz und bündig gesagt: mehr Menschlichkeit.

Dann – und nur dann – sind wir in der Lage, unser großes Ziel zu erreichen: dass sich ein Amoklauf nicht mehr wiederholt. Dazu müssen wir Eltern sensibilisieren, damit sie der Aufsichtspflicht gegenüber ihren Kindern nachkommen, wenn es um Computerspiele mit gewalttätigem Inhalt geht. Wir müssen erreichen, dass Killerspiele ebenso verboten werden wie großkalibrige Kurzwaffen für Privatpersonen. Es muss ein Verbot von Faustfeuerwaffen in privaten Haushalten geben. Die Verherrlichung der Gewalt in Medien muss gestoppt werden, ebenso wie die Heroisierung der Täter. Wir brauchen eine Gewaltquote im Fernsehen und anderen Medien und einen besseren Jugendschutz im Internet.

„Es geht um das Kostbarste, was wir haben: unsere Kinder." Das sind die Worte des damaligen Bundespräsidenten Horst Köhler in seinem Vorwort unserer Stiftungsbroschüre. Besser lässt es sich nicht auf den Punkt bringen: Alles, was wir tun, alles, wofür ich mich einsetze, zielt in diese Richtung. Wenn in einer Hollywoodproduktion wie „John Rambo" mit Sylvester Stallone unzählige Menschen auf alle nur denkbaren Arten niedergemetzelt werden, ist das der amerikanischen Filmkontrolle MPAA (Motion Picture Association of America) ein NC-17-Rating wert. Bei uns in Deutschland entspricht es dem Hinweis „Freigegeben ab 18 Jahren". Das Filmstudio blieb allerdings nicht untätig. Es gelang ihm, dem Film eine politische Bedeutung anzudichten, woraufhin die MPAA ihre erste Entscheidung revidierte und ein R-Rating aussprach, was hierzulande der Freigabe ab 16 Jahren entspricht. Solche Vorkommnisse verleihen unserer Forderung nach einem Ende der Verherrlichung von Gewalt in den Medien zusätzlich Nachdruck. Nicht nur hier sollten wir uns an Köhlers Worte erinnern.

Dafür lohnt es sich, mehr als das Übliche zu tun.

Unerwartete Unterstützung

Vielleicht liegt es daran, dass ich immer ein besonderes Faible für Musik hatte, vielleicht ist der Grund aber auch, dass Musiker sich wie andere Künstler auch häufiger mit den Schattenseiten des Lebens auseinanderzusetzen haben. Jedenfalls freue ich mich, dass unser Aktionsbündnis von einigen sehr erfolgreichen Musikern unterstützt wird. Einer der Ersten, die auf uns zukamen, war Hans Derer, der auch als Journalist und Musikproduzent tätig ist. Er rief mich an und fragte rundheraus, ob wir nicht eine Benefiz-CD produzieren wollten.

In den Anfangstagen des Aktionsbündnisses begegnete ich neuen Ideen häufig mit gemischten Gefühlen: Einerseits verspürte ich Enthusiasmus und den unbedingten Willen, etwas auf die Beine zu stellen. Andererseits war ich vorsichtig geworden, weil sich viele Anrufer als unseriös erwiesen oder sogar eine Bedrohung darstellten. Von Hans Derer hatte ich noch nie gehört, was, wie sich später herausstellte, daran lag, dass man von Musikproduzenten wenig weiß, hingegen von den Künstlern, die sie betreuen, sehr viel.

Hans Derer, mit dem ich heute sehr gut befreundet bin, spürte mein Zögern. Sein Einfühlungsvermögen sagte ihm, was die Ursache dafür sein könnte. „Ich stamme aus Leutenbach", sagte er. „Wir können uns doch einfach mal treffen und darüber sprechen."

Leutenbach liegt gerade einmal fünf Minuten von Winnenden entfernt. Unser Heimatort Weiler zum Stein gehört zur Gemeinde Leutenbach. Als Laie vermutet man Musikproduzenten spontan nicht draußen auf dem Land, sondern irgendwo in einer großen Stadt.

„Ich könnte mir vorstellen, dass Ken Hensley dabei ist", fuhr Derer fort. „Chris Thompson macht sicher auch mit." Auch wenn ich mich heute nicht mehr genau erinnere, vermute ich, dass es mir spätestens da erst einmal die Sprache verschlug. Denn die Musiker, die Derer da nannte, kannte ich sehr gut. Schließlich bin ich mit ihrer Musik aufgewachsen. Damals spielte Ken Hensley schon mit Rolling-Stones-Gitarrist Mick Taylor, mit Greg Lake von Emerson, Lake and Palmer und mit John Glascock von Jethro Tull. Danach gründete er Uriah Heep. Und Chris Thompson war schlicht und einfach die Stimme der Manfred Mann's Earth Band.

„Ich spreche auch mal mit den Fantas", vernahm ich am anderen Ende der Leitung. „Die können wir sicher auch dazu gewinnen."

Die Fantastischen Vier – kurz „Fantas" genannt – füllen deutschlandweit die großen Hallen. In Stuttgart und Umgebung sind Smudo, Hausmeister Thomas D, Michi Beck und Andy Ypsilon mehr als Kult: Man hört ihnen zu. Jetzt war ich wirklich beeindruckt. Und daher noch vorsichtiger. Der Unterschied zwischen großspurigen Schaumschlägern und echten Machern ist in der Medienbranche häufig gering – das hatte ich in den letzten Wochen schon einige Male erlebt. Da Derer und ich aber fast Nachbarn waren, stand einem Treffen nichts im Weg. Wir verabredeten uns auf ein paar Tage später.

Als ich Derer die Hand schüttelte, war sofort klar, dass er zu den echten Machern gehört. Sein Händedruck war fest und energisch, und was er sagte, hatte Hand und Fuß. Von Anfang an stimmte zwischen uns die Chemie. Das Massaker hatte Hans Derer ebenfalls sehr mitgenommen und er war hoch motiviert, mit uns an einem Strang zu ziehen. Wie sich herausstellte, war er ein alter Hase im Musikgeschäft. 1975 hatte er die Rockgruppe Anyone's Daughter mitbegründet, bis in die 80er-Jahre eine der einflussreichsten Bands der deutschen Rockkultur. Neben seiner Karriere als Musiker arbeitete er auch „auf der anderen Seite des Schreibtischs", wie er mir erklärte: „Ich war damals bei der Schallplattenfirma Intercord in Stuttgart und habe mich um Musiker wie Depeche Mode, Herbert Grönemeyer und Reinhard Mey gekümmert. Später arbeitete ich selbstständig mit den Flippers, der Kelly Family und mit Smokie zusammen."

Die Aufzählung war keine Angeberei, das spürte ich: Derer wollte mich davon überzeugen, dass es ihm ernst war. Als er mir von seinen zahlreichen Benefizprojekten erzählte, war ich überzeugt. Allerdings hatte ich keine Ahnung, wie eine CD zustande kommt.

„Künstler werden häufig gefragt, hier mitzumachen und dort mitzumachen", erklärte mir Derer. „Deshalb sind sie so vorsichtig wie Sie bei unserem ersten Telefonat. Doch wenn wir ihnen genau erklären, was wir vorhaben und wofür es gut ist, werden alle mit dabei sein – da bin ich mir sicher."

Es kam, wie er es vorausgesagt hatte: Noch 2009 konnten wir die Benefiz-CD „… die Liebe bleibt!" veröffentlichen, und das Engagement aller teilnehmenden Künstler war für mich sehr beeindruckend. Hans Derer hatte auch Xavier Naidoo gewinnen können. Einige Künstlerinnen, die das Aktionsbündnis schon länger unterstützten, wie Petra Rennings und Juli Pfarr, waren ebenfalls mit von der Partie, was mich besonders freute. Die CD wurde ein Hit, und die Hymne „Wir geben niemals auf" ein Symbol für unseren Kampf gegen die Waffengewalt an deutschen Schulen.

Während Hans Derer in seinem normalen Arbeitsleben über Songrechte für den Kinofilm „The Informers" mit Mickey Rourke und Kim Basinger verhandelte, fand er noch genügend Zeit, uns die Erlöse aus dem CD-Verkauf zu überreichen. Es waren 30000 Euro – eine gewaltige Summe, die uns die Arbeit sehr erleichterte: Mit diesem Geld finanzierten wir unter anderem das Klassenzimmertheater „War doch nur Spaß!", das bis heute weit über 220-mal an Schulen aufgeführt wurde.

Hans Derers Idee ist für mich ein wunderbares Beispiel dafür, wie eine gute Tat zur nächsten führt und so am Ende eine Kette positiver Ereignisse ausgelöst wird. Die Auszeichnung mit der Goldenen Ehrennadel der Stiftung „Gegen Gewalt an Schulen" hat er sich dadurch mehr als verdient. Heute ist er Kooperationsleiter des Fördervereins – wie viele, die sich für uns engagierten, wollte auch er nachhaltig weitermachen. Die vielen Waffen im Land lassen auch ihm keine Ruhe.

Ähnlich äußerte sich auch Ken Hensley von Uriah Heep, den ich einige Wochen nach der Veröffentlichung der CD vor einem Konzert der Band in Ulm kennenlernte. „Die Tochter eines engen Freundes von mir kam durch Waffengewalt ums Leben", erzählte er. „Wem so ein Schicksalsschlag widerfährt, der wacht auf. Und wer aufgewacht ist, sieht, dass wir in einer Welt voller Waffen leben."

Ken Hensley, der die unsterblichen Zeilen des bekanntesten Songs von Uriah Heep, „Lady in Black", geschrieben hatte, setzte sich schon lange vor dem Massaker von Winnenden mit unnötiger Waffengewalt auseinander. Sein Lied erzählt von der Begegnung eines Mannes mit der mysteriösen „Lady in Black". Der Mann bittet die „Frau in Schwarz" um Hilfe in seinem Kampf gegen einen verhassten Gegner. Doch sie bestärkt ihn darin, auf den Streit zu verzichten und stattdessen auf die Kraft der Liebe und auf den Frieden zu vertrauen.

Als Hensley an diesem Abend seinen weltbekannten Song sang, kehrten meine Gedanken an den Tag des Massakers zurück. Ich musste daran denken, wie sinnlos der Täter das Leben unschuldiger Menschen vernichtet hatte.

Ken Hensley sang weiter von der geheimnisvollen Frau, die nicht bereit ist, an Kämpfe, in denen der Mensch zum Tier wird, auch nur zu denken – Kämpfe, die so leicht zu beginnen sind und kaum jemals wieder zu beenden. Langsam füllten sich meine Augen mit Tränen. Diese „Lady in Black" gibt es wirklich, dachte ich. Sie ist eine Kraft, die auf all jene übergeht, die sich gegen Gewalt einsetzen. Und alle, die unser Anliegen unterstützen, tragen diese Kraft weiter hinaus in die Welt.

„… but when you need me be assured I won't be far away…", sang Hensley, und mir war, als richte er seine Worte direkt an mich. Das war es, was ich jeden Tag erfuhr: Wann immer ich Hilfe brauchte, war sie gar nicht weit entfernt. Die „Lady in Black" war immer in meiner Nähe.

„Empört euch,
beschwert euch,
wehrt euch!"

Wann immer das Telefon klingelte, zuckte ich zusammen. War es jemand wie Hans Derer mit einem weiteren guten Vorschlag, wie wir unsere Idee in die Welt hinaustragen konnten? Oder ein aufgebrachter Waffenliebhaber, der mir den Tod wünschte und mich und meine Familie verunglimpfte? Am Klingeln allein ließ sich das nicht ausmachen – darum zögerte ich immer wieder, den Hörer abzunehmen. Dann tat ich es trotzdem und war dankbar, wenn sich nicht im selben Augenblick eine Welle von Beleidigungen und Diffamierungen über mich ergoss. Vielleicht hat sich so mancher der Anrufer jener Zeit darüber gewundert, wie bedächtig ich mich mitunter meldete. Doch fiel dieses Zögern von mir ab, sobald klar wurde, wer am anderen Ende der Leitung war.

Als sich das Management von Konstantin Wecker bei mir meldete, machte mein Herz einen kleinen Freudensprung. Schließlich verehre ich diesen Ausnahmekünstler schon lange, und dass er nie ein Blatt vor den Mund nahm, um seinen politischen Standpunkt klarzumachen, hat mir stets imponiert.

„In ein paar Wochen findet am Bodensee die Musikmesse ‚My Music' statt", begann sein Manager, „und Konstantin möchte gerne für euch ein Benefizkonzert veranstalten. Was halten Sie davon?"

Ich weiß nicht mehr genau, was ich geantwortet habe. Wahrscheinlich „Toll" oder „Großartig". Allerdings erinnere ich mich umso besser an den nächsten Satz meines Gesprächspartners. „Die Sache hat allerdings einen Haken. Oder vielleicht ist es auch keiner. Wir werden sehen." Er machte eine Pause. Ich wartete gespannt.

„Konstantin Weckers Konzert ist die Eröffnungsveranstaltung der Messe", fuhr er fort. „Ein Problem haben wir aber noch, mit dem Sie und Konstantin Wecker sich auseinandersetzen sollten. Der Veranstaltungsort ist das Dornier Museum in Friedrichshafen."

Natürlich fiel bei mir gleich der Groschen. Die Dornier-Werke waren einmal einer der größten deutschen Flugzeughersteller. Von hier kamen die berühmten Zeppeline. In den 8oer-Jahren übernahm Daimler-Benz die Firma, heute gehört sie zum größten Teil zur EADS, der European Aeronautic Defence und Space Company. Und die ist nicht nur Europas größtes Luft- und Raumfahrtunternehmen, sondern vor allem der größte europäische Rüstungskonzern.

Das also war der Haken an der Sache.

Im Dornier-Museum, das sich am Flughafen Friedrichshafen befindet, ist die wechselvolle Geschichte des Unternehmens nachgezeichnet. Im Innen- und Außenbereich stehen zahlreiche Flugzeuge, die von der militärischen Tradition der Firma zeugen, wie etwa eine Dornier Do 27, die von der Bundeswehr und anderen Streitkräften eingesetzt wurde, oder ein Jagdbomber vom Typ Alpha Jet. In diesem Haus also sollte Konstantin Wecker davon singen, dass man sich empören, beschweren und wehren soll, wenn man mit etwas nicht einverstanden ist. Dieses Lied gehört zu meinen Lieblingssongs von Wecker und fiel mir

[191]

jetzt unwillkürlich ein. Er hat es gleich in mehreren Sprachen gesungen, damit die Botschaft auch wirklich jeder
versteht:

> Empört euch,
> beschwert euch
> und wehrt euch,
> es ist nie zu spät!

> Empört euch,
> gehört euch
> und liebt euch,
> und widersteht!

> Resisti,
> combatti,
> stai all'erta,
> non cedere mai!
> Nell' aria si sente,
> si alza un grido:
> Viva la libertà!

> Outrage yourself,
> engage yourself,
> love yourself...

Die Stimme des Managers riss mich aus meinen Gedanken. „Ist das ein Problem für Sie?", wollte er wissen.

Ich wusste, dass Konstantin Wecker ein Provokateur sein
kann. Und im Dornier-Museum ein Benefizkonzert zu-
gunsten des Aktionsbündnisses Amoklauf Winnenden zu
geben, würde für manche Menschen eine Provokation darstellen und mutmaßlich entsprechende Reaktionen nach
sich ziehen. Wer Farbe bekennt, polarisiert meist auch und

sieht sich dann Jubel von der einen Seite und Empörung von der anderen ausgesetzt. Konstantin Wecker ist Träger des Kurt-Tucholsky-Preises, des Bayerischen Filmpreises und vieler weiterer Auszeichnungen. Wie ich meine, zu Recht. Er ist ein geradliniger Mann, mit Ecken und Kanten, aber immer ehrlich.

Ich musste an ein Konzert von ihm denken, das ich in jungen Jahren in Fellbach genossen hatte. Am Ende des regulären Programms forderten wir zehn Zuhörer Zugabe um Zugabe. Wecker spielte, als hinge sein Leben davon ab, und gab wie immer alles. Wir zehn hatten die Nacht der Nächte. Und ließen auch nicht locker: Nach jeder Zugabe baten wir um eine weitere Zugabe und noch eine und noch eine, bis Konstantin Wecker am Ende zehn davon gespielt hatte, für jeden von uns eine. So würde es im Dornier-Museum sicher nicht sein, sonst wäre ein Ende des Konzertes nicht absehbar. Aber bestimmt wird es wieder ein tolles Ereignis, dachte ich, und…

„Sind Sie noch dran?" Ich riss mich zusammen. Weckers Manager konnte schließlich nicht ahnen, welch vielfältige Erinnerungen sein Anruf in mir geweckt hatte.

„Das ist kein Problem für uns, wir freuen uns über diese Unterstützung", sagte ich etwas förmlich. „Ich weiß, dass sich Konstantin Wecker seit den 8oer-Jahren für Frieden und Gewaltlosigkeit einsetzt. Und ich weiß, dass er sich dabei auch gerne in die Höhle des Löwen wagt."

„Wo wir gerade davon sprechen", sagte der Manager, „wie weit sind Sie mit Ihren Forderungen gekommen?"

„Na ja", antwortete ich, „sagen wir es so: Bis heute konnte sich die Politik nicht auf eine weitreichende Verschärfung des Waffenrechts einigen. Das Verbot von Waffen in Privathaushalten und ein Verbot von Killerspielen sind noch Zukunftsmusik."

„Wegge unterstützt Sie darin", sagte der Manager. „Und ich bin sicher, er wird das an diesem Abend deutlich rüberbringen."

Das war nicht zu viel versprochen. „Wegge" – so wird Konstantin Wecker von denen genannt, die ihn gut kennen – war mittendrin in seiner Konzerttour „Leben im Leben" und gut eingespielt. Beim Konzert in Friedrichshafen flocht er seine Meinung zum Thema Waffen immer wieder zwischen die Songs: „Wehrt euch" – „Sagt Nein!" – „Wo es dunkel ist, macht Licht!"

Als das Konzert fast zu Ende war, bat Konstantin Wecker die beiden Sängerinnen Petra Rennings und Juli Pfarr auf die Bühne, die den Unterstützern unseres Aktionsbündnisses schon länger bekannt sind. Er stellte unsere Benefiz-CD vor und zusammen sangen sie „Stand by me". Ich bekam eine Gänsehaut, und das Publikum war begeistert. Am Ende gab es stehende Ovationen – und für uns einen Scheck über 3000 Euro.

„Was macht ihr mit dem Geld?", fragte Wecker mich nach dem Konzert.

Ich erzählte von unseren vielfältigen Aktionen gegen Gewalt an Schulen, von den Therapien für traumatisierte Schüler und Lehrer, von unseren Bemühungen, den Waffenbesitz in deutschen Haushalten einzudämmen.

„Werdet ihr wahrgenommen?"

„Schon. Aber leicht ist es nicht."

„Davon kann ich ein sprichwörtliches Lied singen. Wer positive Dinge tut, hat's schwer mit den Medien", sagte Wecker. „Gute Nachrichten verkaufen sich nämlich nicht. In den 8oer-Jahren war ich recht erfolgreich, auch wenn manchmal nur einige Leute kamen, wie in einem gewissen Fellbach." Der Schalk blitzte aus seinen Augen. „Oh ja, ich erinnere mich. Ihr seid ein großartiges Publikum gewesen.

Ich glaube, wir haben an diesem Abend alle gut Gas gegeben."

Gas gegeben hat Wecker in seinem Leben des Öfteren, und häufig brachte ihn dies auch ungewollt in die Schlagzeilen.

„Ich war damals schon bekannt, kam aber trotzdem immer nur auf den zweiten oder dritten Seiten der Zeitungen vor", fuhr er fort. „War mir ja auch egal. Doch dann wurde die Sache mit mir und dem Koks bekannt. Und plötzlich war mein Gesicht auf allen Titelseiten. Da habe ich gelernt: Wer dorthin will, muss etwas Negatives tun."

„Das ist aber nicht, was Sie mir jetzt raten wollen, Herr Wecker, oder?", fragte ich.

Wieder blitzten seine Augen, die umgeben waren von einem Netz von Lachfältchen. „Sag ‚Wegge' zu mir. Nein, natürlich nicht, das ist jetzt alles andere als ein guter Rat. Stattdessen sage ich dir eines: Die andere Seite, also die, gegen die ihr kämpft, tut Negatives. Und steht deshalb häufig auf Seite eins. Deshalb müsst ihr euch doppelt anstrengen."

Natürlich hatte er recht. Und ich war ja auch bereit, mich doppelt anzustrengen. Das sagte ich ihm.

„Gut", antwortete Wecker. „Ich glaube, wir müssen das alle."

Und Konstantin Wecker hielt Wort. Er half uns immer wieder, indem er seine Meinung deutlich äußerte – etwa in einem Interview mit dem Südkurier: „Selbstverständlich. Ich bin dafür, dass es überhaupt keine Waffen in irgendeinem Privathaushalt mehr gibt. Ich kann die Argumente der Waffenlobby nicht nachvollziehen, die immer wieder gleich vorgetragen werden: Eine Verschärfung würde alles nur verschlimmern, weil es dann illegal noch mehr Waffen geben würde. Da ist eindeutig eine Lobby am Werk, die auf ihre Geldpfründe nicht verzichten will. Es ist ein

Unding, dass Menschen Waffen und Munition zu Hause haben. Wenn einer sich sportlich als Schütze betätigen will, kann er seine Waffe auch im Schützenverein abholen."

In diesem Interview beantwortete er auch eine Frage, die ich ihm nach dem Konzert im fast gleichen Wortlaut gestellt hatte: „Können wir überhaupt die Gesellschaft verändern?"

Seine Antwort hatte mich verblüfft, denn sie sprühte vor Selbstbewusstsein. Er sagte: „Ich bin vor 40 Jahren angetreten, um die Welt zu verändern. (…) Ich glaube, ich habe viel bewirkt bei einzelnen Menschen. Das merke ich an Briefen und Mails, die ich bekomme. Ich habe Mut machen können, habe die Leute zum Teil politisch anregen können, anders zu denken. Ich glaube, dass wir alle Mosaiksteinchen sind: Aufrechte Journalisten, Künstler, auch viele Wissenschaftler, die sich nicht mit einer ungerechten Welt abfinden wollen. Vielleicht muss man die Frage anders stellen: Wie schrecklich wäre die Welt, wenn es uns alle nicht gäbe?"

Das ist eine der wichtigsten Botschaften, die mir jemals ein Mensch mit auf den Weg gegeben hat: Geh mit erhobenem Kopf und breiter Brust. Wir tun Gutes und dürfen stolz darauf sein. Denn was wäre die Welt, wenn es uns alle nicht gäbe?

Ein vielstimmiges Plädoyer gegen Waffen

Wenn Tausende Menschen ihre Stimme erheben, hört man ihnen zu. Wenn sie das tun wie die berühmten Fischer-Chöre, hört man ihnen nicht nur zu, sondern tut das auch gerne. Als Gotthilf Fischer auf mich zukam und sagte: „Sie machen wirklich etwas Tolles und ich würde gerne mit dabei sein", freute ich mich sehr. Wir hatten uns endlich mal wieder aufgerafft, um als Familie ein Konzert zu besuchen. Es war kurz vor Weihnachten, und in der Stuttgarter Liederhalle veranstaltete Gotthilf Fischer sein traditionelles Weihnachtssingen. Jana hätte das gefallen, und so beschlossen wir hinzugehen.

Kurz vor dem Konzert rief Gotthilf Fischer an. „Wir würden gerne euer Lied singen, ‚Die Liebe bleibt'", sagte er. „Ist das in Ordnung?"

Interessanterweise ist auch Gotthilf Fischer nicht weit von Winnenden entfernt geboren. Er stammt aus dem dreißig Kilometer entfernten Plochingen. Immer häufiger kam ich jetzt mit Menschen in Kontakt, die ich aus den Medien kannte, aber nie zuvor persönlich getroffen hatte. Und genauso häufig fiel mir auf, dass wir alle etwas gemeinsam hatten: eine Idee, an die wir felsenfest glauben. Das gilt auch für Gotthilf Fischer: Schon in jungen Jahren hatte er sich in den Kopf gesetzt, mit Musik erfolgreich zu sein;

gleichzeitig hatte er nicht die Möglichkeit, in den Genuss einer musikalischen Ausbildung zu kommen. Er musste sich alles selbst beibringen, so wie wir im Aktionsbündnis die Öffentlichkeitsarbeit auch aus dem Stand lernen mussten. Doch seine Begeisterung riss alle mit, und so konnte er große Erfolge feiern: Seine Chöre traten etwa vor dem amerikanischen Präsidenten Jimmy Carter auf, sangen bei der Fußball-WM 1974 und unternahmen mehrere Reisen in die ganze Welt. Für seine Arbeit bekam Gotthilf Fischer alle Arten von Auszeichnungen, vom Bundesverdienstkreuz bis hin zum Weltfriedenspreis, den ihm Altbundespräsident Walter Scheel im Jahr 2006 überreichte.

Auch wenn mein Musikgeschmack von Ken Hensley und Chris Thompson geprägt ist, gefallen mir seine Chöre, und ich höre mir auch gerne ihre Aufnahmen klassischer Werke an, wie das „Ave verum" von Mozart oder die Lieder von Franz Schubert.

Immer wieder hat sich Gotthilf Fischer öffentlich gegen Waffen in privaten Haushalten ausgesprochen und wurde mittlerweile zum Ehrenmitglied im Aktionsbündnis ernannt. Seinen Enthusiasmus für unsere Arbeit drückt er noch immer in ganz ähnlichen Worten aus wie damals kurz vor Weihnachten, als wir uns kennenlernten: „Ihr macht da wirklich was Tolles!"

Vom Kampf zum Spiel

Jugendliche erreicht man nicht mit Frontalpädagogik und Druck von oben. Wenn aber die größte Rockband, die unsere Stadt jemals gesehen hat, zusammenkommt, um für das Aktionsbündnis mit 108 Gitarristen „Smoke on the Water" von Deep Purple zu spielen, dann kann es in Strömen regnen, und trotzdem lässt sich keiner den Spaß verderben.

Mit Musik und Sport erreichen wir viel: Wenn die Mannheimer Jazz-Pop-Sängerin Silke Hauck dem Aktionsbündnis einen Song widmet, verstehen die Jugendlichen die Botschaft auch ganz ohne große Reden. Dasselbe gilt, wenn unser Fußballteam sich für die Sache des Aktionsbündnisses starkmacht.

Ging es beim Fußballteam am Anfang noch vor allem darum, nach dem Amoklauf betroffene Kinder und Jugendliche auf andere Gedanken zu bringen und gemeinsam ein Stück weit aus der Trauer herauszufinden, kann heute jeder mitspielen, egal, wie alt er ist, wo er herkommt und ob er Junge oder Mädchen ist. Wir sind eine gemischte Mannschaft und wir spielen ohne Leistungs- und Siegesdruck. Dass es ausschließlich um den Spaß an der Sache geht, merkt man daran, dass sich immer mehr Schüler und Schülerinnen der Mannschaft anschließen. Stehen wir auf dem Platz, liegt der Frauenanteil im Team über dreißig Prozent. Mittlerweile kann auch unser offizieller Teamsong „Together we are strong – gemeinsam sind wir stark" auf YouTube bewundert werden. Und der regionale Fernsehsender REGIO TV lobte: „Keinem wird hier übel genommen, wenn der Ball mal neben das Tor geht."

Doch wir setzen uns nicht nur für die Kinder, sondern auch für die Erwachsenen ein. Vor allem die Berufsgruppe der Lehrer braucht Unterstützung. Dass dieser Job heutzutage alles andere als ein Zuckerschlecken ist, dürfte mittlerweile allgemein bekannt sein. Nur 5 Prozent aller Lehrer halten bis zur Rente durch. Mit 8,5 Prozent ist der Krankenstand dreimal so hoch wie bei anderen Arbeitnehmern. Klinikstatistiken zeigen: 69 Prozent der Patienten, die den Beruf des Lehrers ausüben, leiden an Depressionen und bis zu 20 Prozent an akutem Burn-out.

Nun waren wir ja alle mal Schüler, und deshalb ist der Spruch „Lehrer haben es gut: Sechs Wochen Ferien im Sommer und den Rest vom Jahr haben sie auch frei" nicht aus den Köpfen zu bekommen. Tatsächlich aber werden Lehrer für so ziemlich alles verantwortlich gemacht: Wenn Schüler beim PISA-Test schlecht abschneiden, sind die Lehrer daran schuld. Wenn die Schule zum Tatort wird, gilt dasselbe. Gleichzeitig sind die Schulen in Deutschland eine Dauerbaustelle, an der mit immer neuen Reformen herumgedoktert wird.

An unseren Hochschulen werden angehenden Lehrern Unterrichtsmethoden vermittelt, die zum Teil vor dreißig Jahren schon nicht mehr aktuell waren. Der Praxisschock bleibt da nicht aus. Wenn es dann noch gilt, durch instabile Familienverhältnisse zu Schaden gekommene Kinder wieder aufs Gleis zu bringen, ist selbst der beste Pädagoge überfordert.

Viele gute Gründe also, Supervisionen für Lehrkräfte anzubieten. Hinzu kam meine ganz persönliche Betroffenheit darüber, wie nach dem Amoklauf mit einigen Lehrern umgesprungen wurde. Wenn die Heldentat einer mutigen Frau wie Marie-Luise Braun von der Politik nach dem Amoklauf nicht gewürdigt wird, ist das eine Sache. Wenn sie aber nicht einmal gewürdigt wird bei ihrer Verabschiedung in den Ruhestand, ist es ein Skandal. Daher ist es mir ein persönliches Anliegen, alles zu tun, was in unserer Macht steht, um Lehrkräfte dort zu unterstützen, wo sie alleine gelassen werden.

Mit Christiane Sättler-Adel gewannen wir eine Fachfrau, die als Sonderschulkonrektorin, Systemische Familientherapeutin und Leiterin von Supervisionsgruppen für Lehrkräfte im Regierungspräsidium Stuttgart genau weiß, wo die Probleme liegen. Denn eines muss man immer wieder aufs Neue betonen: Ohne gesunde und motivierte Lehrer können wir die Schulen gleich schließen. Sie sind der Fels in der Brandung, auf den sich unser ganzes System stützt. Deutschland als Wirtschaftsnation lebt davon, dass unsere Kinder das Beste aus ihrer Schulzeit mitnehmen. Wie soll das gehen ohne Lehrer, die Kraft und Lust haben, sich zu engagieren?

Hatte ich zu Beginn unserer Arbeit mitunter das Gefühl, immer wieder von vorn beginnen zu müssen, spüre ich inzwischen, dass unser Engagement funktioniert – trotz gelegentlicher Zweifel, aller Anfeindungen und Bedrohungen.

Besonderen Auftrieb gibt es mir, wenn Menschen ihre Angst überwinden und gegen die Waffenlobby Flagge zeigen. Häufig sind es Schüler, die schließlich zum am meisten gefährdeten Personenkreis gehören. In der Stadt Brake nahe Oldenburg engagierte sich die Landesjägerschaft selbst für unsere Sache. Berthold Riesenbeck vom Hegering Brake hatte dort die Idee, aus den im Rahmen der Amnestieregelung abgegebenen und eingeschmolzenen Waffen ein Mahnmal gegen Gewalt errichten zu lassen.

Daraufhin entwickelte sich am Gymnasium Brake das Projekt „Waffen gegen Gewalt. Das Friedensmonument". Die Schüler entwarfen das Mahnmal und setzten es selbst um. Niedersachsens Innenminister Uwe Schünemann überreichte symbolisch den Stahl von 25 000 eingeschmolzenen Waffen. Am Ende entstand mithilfe der Gemeinde Brake, örtlichen Betrieben und Banken sowie einer Spende unserer Stiftung ein eindrucksvolles Monument: Die Plastik stellt eine Betonfaust dar, die als Symbol der Gewalt aus dem Boden bricht. Daran gehindert wird sie von fünfzig Figuren, die sich gegenseitig unterstützen.

Auch der Bau der fantastischen Weidenkathedrale von Welzheim, einem Nachbarort Winnendens, entstand aus dem Bedürfnis, die schrecklichen Geschehnisse beim Amoklauf aktiv zu verarbeiten. Die von der Christophorus Lebens- und Arbeitsgemeinschaft als Werkstatt für behinderte Menschen betriebene Initiative „Eins + Alles" stellte sich die Frage, wie junge Menschen nach einer solchen Tragödie wieder Vertrauen fassen können. Die Antwort war faszinierend: in der Gemeinschaft einen Zukunftsbau zu konstruieren, der einzigartig auf der Welt ist. Auf dem Gelände neben dem alten Bahnhof Laufenmühle wurden bis zu sieben Meter hohe Weidenruten gepflanzt und zu helixförmigen Säulen verflochten. Insgesamt 32 dieser Säulen tragen das wachsende Dach. Umgrenzt wird die Kathedrale durch einen Zaun aus 2000 Weidenruten, die nach wenigen Wochen verwurzelt waren und sich neu begrünten. Der so entstandene Innenraum von mehr als 750 Quadratmetern wird heute als kulturelles Zentrum im Schwäbischen Wald genutzt. Über 900 Schülerinnen und Schüler arbeiteten an der Weidenkathedrale mit – für mich ein wunderbares Beispiel eines gelungenen Präventivprojekts, das zeigt, was gelingen kann, wenn wir Jugendliche vom Kampf ins Spiel bringen.

Jahreswechsel

Bei der Trauerfeier nach dem Massaker auf der norwegischen Insel Utøya und dem Anschlag in Oslo mit insgesamt 77 Opfern sagte König Harald von Norwegen zu den Angehörigen: „Als Vater, Großvater und Ehemann kann ich Ihren Schmerz nur erahnen." Und Ministerpräsident Jens Stoltenberg fügte hinzu: „den leeren Stuhl beim Sonntagsessen, ein Geburtstag ohne das Geburtstagskind, das erste Weihnachtsfest".

Alles das kenne ich nur zu gut. Janas Stuhl ist immer leer, am Sonntag wie unter der Woche. Die Geburtstage kommen, doch das Geburtstagskind fehlt. Weihnachten, Ostern, Jahrestage und Silvester sind häufig besonders traurige Tage, an denen mich die Erinnerung an die sinnlose Tat intensiver und schmerzhafter als sonst überfällt. Ich versuche dann, mich an meine Verantwortung Ulrike und Annabell gegenüber zu erinnern. Ich weiß, ich darf alles tun, nur nicht mich in Trauer verlieren. Deshalb nutze ich solche Tage, um Pläne zu schmieden. Ich möchte meinen Blick in die Zukunft richten, anstatt auf das, was geschehen ist, zurückzuschauen. Also denke ich darüber nach, wie unser Aktionsbündnis in ein paar Jahren aussehen soll.

So war es auch am letzten Jahreswechsel. Während draußen Raketen aufstiegen und Böller explodierten – eine Geräuschkulisse, die viele der Schülerinnen und Schüler, die den Amoklauf überlebt haben, kaum aushalten können –, dachte ich über soziale Einrichtungen nach, deren Arbeit ich bewundere und respektiere. Dazu gehören besonders die SOS-Kinderdörfer und das Deutsche Rote Kreuz. Nach einer Umfrage des Marktforschungsinstituts YouGov kennen 96 Prozent aller Deutschen diese beiden Organisationen. Sie tun so viel Gutes, dass sie aus unserer Gesellschaft gar nicht mehr wegzudenken sind.

Das erste SOS-Kinderdorf wurde nach einer Idee Hermann Gmeiners – des Gründers der Organisation – 1949 in Imst in Tirol errichtet. Heute ist die Organisation in sage und schreibe 132 Ländern aktiv und betreut weltweit 1,1 Millionen Kinder und ihre Angehörigen. Das Deutsche Rote Kreuz, DRK, wiederum ist einer der größten Wohlfahrtsverbände in unserem Land. Seine Aufgaben umfassen vom Sanitätsdienst und der Medizinischen Task Force über die Bergwacht und die Blutspende bis zum Betreuungsdienst und zur Krankenpflege in 56 eigenbetriebenen Krankenhäusern so ziemlich alles, was man sich unter humanitärer Hilfe vorstellen kann.

Das DRK ist nach dem Genfer Abkommen Teil der Internationalen Rotkreuz- und Rothalbmond-Bewegung, während die SOS-Kinderdörfer aus der Idee eines einzelnen Menschen entstanden. Eine Kombination aus beidem, sagte ich mir in dieser Silvesternacht, das wäre ein Ziel: Das Aktionsbündnis entstand ebenfalls aus einer Einzelidee. Wie wäre es, wenn es in zehn Jahren einen ähnlich hohen Bekanntheitsgrad besitzen würde wie diese beiden Musterorganisationen?

Erreichen möchte ich dieses Ziel, indem wir uneigennützige Hilfe ohne jede Gewinnerwartung anbieten. Dazu gehören auch Anti-Gewalt-Präventionszentren in verschiedenen Städten Deutschlands. Hier sollen Lehrer zu Gewaltpräventionsberatern ausgebildet werden. In diesem Zusammenhang werden wir uns auch vermehrt dafür einsetzen, dass das Fach Sozialethik versetzungsrelevant wird.

In derselben Zeitspanne möchte ich auch erreichen, dass Waffen nicht mehr privat gelagert werden dürfen, sondern in den Vereinshäusern der Schützenvereine eingeschlossen werden. Wir werden die Schützen auch dabei unterstützen, selbst für mehr Sicherheit in ihrem Sport zu sorgen: So können sie anstatt pulverbetriebener Waffen elektronische Waffen verwenden. Das Verbot für Killerspiele, so mein Ziel, muss in zehn Jahren ebenfalls parlamentarisch beschlossen sein.

Während ich Pläne schmiedete, explodierte draußen eine Anzahl sogenannter kubischer Kanonenschläge. Ihr dumpfes, scharfes Knallen erinnert an den Schuss aus einer Faustfeuerwaffe. Früher hatte ich selbst einmal Spaß an Knallfröschen und Böllern. Das ist Vergangenheit. Inmitten der Silvesterfreude um mich herum dachte ich an die Beretta in der Hand eines 17-jährigen Jungen. An die toten Mädchen im Klassenzimmer. An Jana, die dort langsam verblutete. Dann riss ich mich zusammen. Wenn in zehn Jahren das Aktionsbündnis dort angekommen ist, wo ich es sehen möchte, kann ich an Silvester vielleicht auch wieder an etwas anderes denken.

Eine Initiative,
die Mut macht

Am Dienstag, den 14. März 1996, titelten britische Zeitungen: „Dunblane Massacre!" und berichteten, ein Bewaffneter habe in einer Schule ein Blutbad angerichtet. Dunblane – oder gälisch Dùn Bhlàthain – ist eine schottische Stadt mit etwas mehr als 8500 Einwohnern. Sie liegt in der idyllischen Umgebung von Stirling und ist stolz darauf, mit der Leighton Library die älteste Privatbibliothek Schottlands zu beherbergen. Nach Glasgow und Edinburgh ist es nicht weit, sodass in den 1980er- und 1990er-Jahren immer mehr Pendler zuzogen. Obwohl Dunblane kleiner ist als Winnenden, gibt es in dem, was sich an beiden Orten ereignet hat, zahlreiche Parallelen. In Dunblane war es der 43-jährige ehemalige Pfadfinder Thomas Hamilton, der am 13. März 1996 in die Dunblane Primary School eindrang. Er hatte vier legal erworbene Waffen dabei und erschoss innerhalb von drei Minuten 16 Erstklässler und ihre Lehrerin. Sein Motiv war Rache, weil er sich als Jugendbetreuer ausgegrenzt fühlte. Nach Durchführung des Massakers erschoss er sich selbst.

Am 20. Mai 2009 begrüßten wir im Rathaus von Winnenden Dr. Mick North. Seine fünfjährige Tochter Sophie war eines der Kinder, die an diesem Tag getötet worden waren. North tat danach etwa dasselbe wie dreizehn Jahre später ich in Winnenden: Er widmete sein Leben der Sicherheit von Kindern in Schulen. Er sah sich Drohungen und Pöbeleien seitens der Waffenlobby ausgesetzt. Er kämpfte gegen Gleichgültigkeit und Apathie. Aber er hatte Erfolg. Erstaunlichen Erfolg. Nun war er hier, um davon zu berichten.

„Ich kann das Entsetzen und die Traurigkeit kaum in Worte fassen, die ich empfand, als ich vom Amoklauf in Winnenden und Wendlingen hörte", begann er. „Meine Gedanken und mein Mitgefühl sind in erster Linie die eines Mitmenschen, aber sie gehen noch tiefer, weil ich sehr gut nachempfinden konnte, wie es den Betroffenen ging. Der Amoklauf von Winnenden ereignete sich zwei Tage vor dem dreizehnten Jahrestag des Massakers an der Grundschule in Dunblane. Meine fünfjährige Tochter Sophie war eines der Kinder, die an jenem Tag getötet wurden. Auch ihre Lehrerin wurde erschossen. Sie starben alle innerhalb von drei Minuten durch die Hände eines Waffenfreundes, der die Schüsse aus einer Waffe abgab, die sich legal in seinem Besitz befand. Anschließend nahm er sich selbst das Leben. Seit jenem Tag muss ich mit den Folgen eines Amoklaufs leben."

Mich fröstelte bei diesen Worten. Wie konnte es sein, dass sich die Taten so sehr ähnelten? Dass dieser Mann so genau wie keiner sonst zu wissen schien, was in mir vorging?

„Innerhalb von ein paar Wochen hatten wir eine aktive Kampagne für das Verbot des privaten Besitzes von Handfeuerwaffen gestartet", fuhr Mick North fort. „Dieser Kampagne war Erfolg beschieden."

Er sagte das in aller Bescheidenheit, aber auch mit der Bestimmtheit eines Vaters, der durch die Hölle gegangen ist: Dieser Kampagne war Erfolg beschieden. Was North in Großbritannien erreicht hat, ist exakt das, wogegen sich in Deutschland die vereinten Kräfte aus Politik und Waffenlobby wehren: Ein Jahr nach dem Amoklauf von Dunblane wurden zwei Gesetze verabschiedet, die dafür sorgten, dass es mit sehr wenigen Ausnahmen im Vereinigten Königreich nicht länger erlaubt ist, Faustfeuerwaffen zu besitzen. So einfach ist das. Und so wirkungsvoll. Vor diesem Gesetz gab es außer dem Amoklauf von Dunblane in Großbritannien andere, ähnlich verheerende Massaker. In Hungerford, einer Kleinstadt in der Grafschaft Berkshire, erschoss Michael Robert Ryan 16 Menschen und verletzte 13 weitere schwer. Bewaffnet mit einer Beretta 92, einem Selbstladegewehr M1 Carbine und einem halbautomatischen Typ 56 Sturmgewehr, einer chinesischen Kopie der AK 47, zog er mordend durch die Straßen seiner Heimatstadt. Nach dem Inkrafttreten der neuen Gesetze gab es in Großbritannien keinen einzigen vergleichbaren Vorfall mehr – bis zum Juni 2010, als ein Mann im nordenglischen Lake District 13 Menschen tötete. Vor allem gab es keinen einzigen Amoklauf an Schulen mehr.

Natürlich kann kein Gesetz hundertprozentige Sicherheit bieten, vor allem dann nicht, wenn neben legalen Waffen Abermillionen illegaler existieren. Dennoch zeigt das Gun Control Network von Mick North, dass die Sicherheit unserer Kinder und von uns allen durch ein klar strukturiertes Gesetz deutlich größer wird.

Der Erfolg ist North weiß Gott nicht in den Schoß gefallen. „Das Verbot wurde gegen die erbitterte Opposition von Waffenfreunden durchgesetzt", sagte er. „Meiner Erfahrung nach reagiert die Waffenlobby immer auf dieselbe Art und Weise auf Amokläufe, ganz gleich, in welchem Land sie passieren."

Wieder lief es mir kalt den Rücken herunter. Die Argumente der britischen Waffenlobby, die Mick North aufzählte, waren exakt die gleichen wie bei uns:

Dieser Amoklauf ist ein einmaliges Ereignis.

Man kann das Verhalten von Verrückten ohnehin nicht kontrollieren.

Wir müssen jetzt Kurzschlussreaktionen vermeiden.

Gesetzesänderungen dürfen nicht auf Emotionen beruhen.

Die meisten Schützen sind gesetzestreue Bürger. Durch schärfere Waffengesetze werden sie gedemütigt.

Nicht der Waffenbesitz ist das Problem. Schuld sind andere Dinge.

Auch in Großbritannien war die Waffenlobby gut vernetzt, vertrat ihre Interessen lautstark, verfügte über viel Geld und gab es gerne aus, um Politiker gewogen zu machen. Sie können sich vorstellen, dass ich mich mit Mick North gern noch eine Woche länger unterhalten hätte. Er hatte alle Erfahrungen gemacht, die mir noch bevorstanden. Er hatte sich in akribischer Kleinarbeit ein enormes Wissen über die Charakteristika von Amokläufen angeeignet.

„Sie sind niemals einmalige Ereignisse", klärte er uns auf, „sondern folgen stets einem bestimmten Muster. Sie kommen vor allem in sogenannten zivilisierten Ländern vor."

Zum Muster eines Amoklaufs gehört: Die Waffen befinden sich im legalen Besitz des Täters oder ihm nahestehender Personen. Der Mörder ist ein geübter Schütze. Er ist Mitglied eines Schützenvereins oder durch ein Familienmitglied mit dem Verein verbunden. Er erschießt sich im Anschluss an die Tat selbst. Die üblichen Waffengesetze können diese Massaker nicht verhindern, weil Handfeuerwaffen nicht unter ein generelles Verbot fallen.

„Daher darf es ein Recht auf privaten Waffenbesitz nicht geben", argumentiert Mick North, „weil es die Sicherheit unserer Gemeinschaft gefährdet."

Gerade weil die meisten Waffenbesitzer gesetzestreue Bürger sind – woran ich nicht zweifle –, können wir den immensen Schaden, den die schwarzen Schafe in ihren Reihen anrichten, nicht länger zulassen. Da die gesetzestreuen Waffenbesitzer selbst nicht in der Lage sind, für unsere Sicherheit zu garantieren, muss dies durch den Staat geschehen.

Die betroffenen Familien aus Dunblane entschlossen sich, nach der sinnlosen Tat eine klare Botschaft zu senden. Ihre Kinder wurden wie die unseren mit einer Handfeuerwaffe getötet. Mit solchen Waffen werden weltweit die meisten Morde begangen. Diese Waffen sind klein, leicht zu verstecken, extrem durchschlagsstark und können viele Schüsse in kurzer Zeit abfeuern. Daher forderten die Familien von Dunblane: Solche Waffen müssen verboten werden.

„Die Waffenlobby in Großbritannien argumentierte daraufhin", so Mick North, „dass ein Handfeuerwaffenverbot Verbrechen nicht verhindern würde. Doch das hatten wir auch nicht behauptet. Wir waren nur überzeugt davon, dass es einen Unterschied machen würde. Niemals zuvor wurden in Großbritannien so wenige Menschen mit Handfeuerwaffen erschossen wie seit dem Inkrafttreten der neuen Waffengesetze."

Ich war begierig darauf zu erfahren, wie die betroffenen Eltern von Dunblane und Mick North erreicht hatten, was bei uns in Deutschland noch in weiter Ferne liegt. Mick North zog einen Vergleich: „In Amerika, wo das Recht, eine Waffe zu besitzen, als eminent wichtig betrachtet wird, gelten Amokläufe an Schulen und Universitäten schon als ‚normal' – sie sind eben der Preis, den man für dieses Recht bezahlen muss. Doch wir in Großbritannien sagten ‚Nein!' zu dieser fatalen Einstellung, und ich habe das

Gefühl, dass auch die Deutschen ‚Nein!‘ sagen wollen. Dort, wo öffentliche Sicherheit oberste Priorität hat, ist privater Waffenbesitz nicht denkbar. Geben Sie also Ihrer Regierung keine Chance, von dieser einfachen Tatsache abzulenken.“

Die Herrschenden nicht auskommen zu lassen, ist ein Weg, der hart und steinig ist, wie Mick North bestätigte: „Traurigerweise handeln Regierungen erst, wenn etwas Schreckliches wie der Tod vieler Menschen geschieht, und häufig genug bedarf es mehr als ‚nur‘ eines Ereignisses.“

„Wir traten mit den Medien in Kontakt, wir holten Politiker ins Boot und starteten vielerlei Aktivitäten“, erläuterte Mick North seine weitere Vorgehensweise. „Die Kampagne war körperlich und emotional sehr kräftezehrend und es gab Zeiten, da brauchten wir alle Ruhe. Aber mit vielen beteiligten Familien konnten wir die Last gemeinsam schultern und durch Solidarität viel erreichen.“

Als Mick North seinen Vortrag beendete, hatte ich Herzklopfen. Ich erhob mich und trat zu ihm.

„Danke für Ihre Worte“, sagte ich. „Glauben Sie, dass auch wir es schaffen können, was Sie erreicht haben?“

„Ich hoffe es sehr“, erwiderte er. „Allerdings sehe ich, dass in Deutschland politisch anders mit dem Thema Amoklauf umgegangen wird. Die bisherigen Gesetzesänderungen in ihrem Land sind unzureichend. Nur die Kontrollen zu verschärfen, ist Augenwischerei. Ihre Regierung sollte sich schämen!“

Er erzählte mir, wie nach dem Massaker von Dunblane britische Politiker von ganz alleine die Nähe betroffener Eltern gesucht hatten. Ohne Medienwirbel, ohne daran zu denken, vor der Kamera ein gutes Bild abzugeben. Davon konnte in Winnenden keine Rede sein. Auch wenn am ersten Jahrestag des Massakers zahlreiche hochrangige Politiker anwesend waren – ein Jahr besteht aus vielen Tagen, und an denen wurden wir von den meisten Politikern alleine gelassen. Für viele war die Rechnung einfach: Der überschaubaren Zahl betroffener Eltern steht eine unüberschaubare Zahl von Waffenliebhabern gegenüber. Verprelle ich die einen, spüre ich das bei den nächsten Wahlen nicht. Verprelle ich die anderen, kann es für mich eng werden.

Anlässlich des Vortrags von Mick North legten wir einmal mehr die Unterschriftenlisten mit unserer Forderung nach einem Verbot von Handfeuerwaffen in Privatbesitz aus. Bisher hatten wir kaum einen Volksvertreter dazu gewinnen können, mit seiner Unterschrift aus der Deckung zu kommen. An diesem Abend taten mit Katrin Altpeter und Stephan Braun von der SPD immerhin zwei Landtagsabgeordnete diesen Schritt. Dass so wenige andere Politiker es ihnen bislang gleichgetan haben, mag man als Indiz dafür werten, was die britische Politik der deutschen in diesem Punkt voraushatte: Während der britische Gesetzgeber verstand und entsprechend reagierte, will die deutsche Legislative das Problem aussitzen. Um es mit Mick North zu sagen: „Traurigerweise handeln Regierungen erst, wenn etwas so Schreckliches wie der Tod vieler Menschen geschieht, und häufig genug bedarf es mehr als ‚nur‘ eines solchen Ereignisses."

Seit jenem Abend mit Mick North bin ich entschlossener denn je, keine Ruhe zu geben, bis unsere Ziele erreicht sind. Und nichts wünsche ich mir mehr, als dass es dazu keines weiteren Amoklaufs bedarf.

Nach dem Schock
ist vor dem Schock

Deutschland habe das strengste Waffengesetz der Welt, be-
hauptete die Waffenlobby, hier vertreten durch den Kreis-
präsidenten des Niedersächsischen Sportschützenverban-
des, Hans-Heinrich Knocke, gegenüber dem Harz Kurier.
Das war einen Monat nach dem Amoklauf von Winnenden. Die Bundesregierung war gleicher Meinung: Schon
einen Tag nach dem Massaker postete sie auf ihrer Internetseite www.bundesregierung.de: „Deutschland hat im
europäischen Vergleich eines der strengsten Waffengesetze." Bundeskanzlerin Angela Merkel setzte sogar noch
eins drauf: „Deutschland hat sicherlich eines der strengsten, wenn nicht das strengste Waffenrecht auf der Welt",
sagte sie. „Worum es mir geht ist, dass dieses gerecht, aber
auch nachvollziehbar umgesetzt wird."
Was immer das heißen soll – wie sieht es heute aus,
nachdem der Schock über die Ereignisse von Winnenden
bei den Unbeteiligten längst überwunden ist?
„Das Schützenwesen ist Teil unserer sozialen Kultur,
gewachsen über Jahrhunderte", sagte kürzlich der innen-
politische Sprecher der SPD-Bundestagsfraktion, Dieter
Wiefelspütz. Will heißen: Was traditionell so tief verwurzelt ist, werden wir bestimmt nicht ändern. Auch im Innenministerium verweist man darauf, dass das Waffenrecht „im Hinblick auf notwendigen Anpassungsbedarf

(…) einer fortlaufenden Überprüfung" unterliege. Übersetzt in alltagstaugliche Sprache bedeutet das so viel wie: „Wir tun erst einmal nichts und hoffen, dass nicht schon morgen gleich wieder etwas passiert."

Tut es aber. Im März 2011 erschoss ein Mann in Genthin in Sachsen-Anhalt drei Menschen mit einer Waffe, die er an einem Schießstand ausgeliehen hatte. Im September 2010 lief im badischen Lörrach eine 41-jährige Anwältin Amok – sie tötete ihre Familie, erschoss den Pfleger eines Krankenhauses und feuerte so lange um sich, bis sie von der Polizei erschossen wurde. Auch sie war eine ehemalige Sportschützin.

Die Initiative „Keine Mordwaffen als Sportwaffen" hat eine Liste der Menschen erstellt, die durch eine Sportwaffe zu Tode kamen. Von 1991 bis zu dem Tag, an dem ich dies schreibe, gab es 121 Tote.

Sind das immer noch zu wenig, um ein Verbot großkalibriger Sportwaffen in Privatbesitz zu rechtfertigen? Oder „ticken" Politiker in Deutschland einfach anders als in Großbritannien? Vor wem haben sie so große Angst?

Die Antwort ist einfach: Bei uns in Deutschland gibt es fünf Schützenverbände mit mehr als 1,5 Millionen Mitgliedern. In Großbritannien gibt es nur einen Schützenverband mit etwa 80 000 Mitgliedern.

Das ist die Rechnung: Zwei Millionen Wähler oder eben nur 80 000 Wähler.

Mick North sprach zu Beginn seiner Initiative mit Tony Blair, bevor dieser Premierminister wurde. Dieser sagte zu, das Waffenverbotsgesetz durchzuboxen, falls er gewählt würde. Hätte er das auch getan bei zwei Millionen Schützen in England? Ich möchte Mr Blair nichts unterstellen, aber Zweifel sind angebracht.

Trotzdem wendet sich auch in Deutschland langsam das Blatt. Eine neue Politikergeneration schüttelt ihre Angst vor den Schützen ab. „Wir streben ein generelles Verbot für den privaten Besitz großkalibriger Faustfeuerwaffen an", verkündete der baden-württembergische Innenminister Reinhold Gall von der grün-roten Landesregierung. Ausnahmen soll es nur noch für Jäger geben. Auch der Sprecher der Grünen-Bundestagsfraktion für Innere Sicherheit, Wolfgang Wieland, will endlich weniger Waffen in deutschen Haushalten. „Wir müssen Sportschützen dazu zwingen, Waffen und Munition getrennt aufzubewahren", sagte er. „Das Ziel muss sein, dass Sportschützen nicht mehr mit Großkaliberwaffen schießen dürfen." Denn nicht allen gehe es ausschließlich ums Zielen und Treffen. „Die Vereine sind ein Schirm, unter dem sich auch Waffennarren aufhalten."

Eben die berüchtigten schwarzen Schafe, die von den gesetzestreuen Waffenbesitzern nicht unter Kontrolle gehalten werden können. Das ist der Grund dafür, dass auch der Bund deutscher Kriminalbeamter, BDK, unsere Forderungen unterstützt: „Großkalibrige Pistolen und Revolver sollten nicht für privaten Sport benutzt werden", sagt BdK-Vize Bernd Carstensen. Solche Waffen würden für Polizei und Militär hergestellt. Und: „Wir haben eine Vielzahl von Fällen, in denen Menschen mit solchen Waffen getötet oder verletzt wurden und in denen die Täter legalen Zugang hatten."

Wird der Gesetzgeber also irgendwann doch noch aktiv? Die Grünen brachten 2010 einen Entschließungsantrag zur Verschärfung des Waffenrechts in den Bundestag ein – bisher wurde nicht darüber entschieden. Während ich dies schreibe, gibt es von der CDU/CSU-Bundestagsfraktion noch nicht einmal eine offizielle Stellungnahme dazu.

Viel Geld für viele Waffen

Zwei Jahre vor dem Attentat von Dunblane, bei dem Mick North seine kleine Tochter verlor, starb seine Frau an Krebs. Ich bewundere ihn dafür, dass er trotz dieser Schicksalsschläge die Kraft dazu fand, den harten Kampf für die Sicherheit seiner Mitmenschen durchzustehen. In Großbritannien scheint dieser Kampf zwar gewonnen, flackert aber doch immer wieder auf. Die Waffenlobby gibt keine Ruhe. Zurzeit ist ihr Lieblingsargument, dass seit der Gesetzesänderung die Zahl der illegalen Waffen zugenommen hat. Das ist ungefähr so, wie wenn man sagt: Wir können gleich auf jegliches Gesetz verzichten, weil einige Leute es ohnehin umgehen werden.

„Wenn Sie lange genug an der Sache dranbleiben, werden Sie Erfolg haben", hatte mir Mick North mit auf den Weg gegeben. Und seinen Rat gleich mit einem Vorschlag verbunden: „Warum kommen Sie nicht zur Abrüstungskonferenz der UNO 2010 nach New York? Für Sie ist es wichtig zu sehen, dass Sie nicht alleine sind."

Ein gewichtiges Argument. Immer wieder erscheint der Gegner übermächtig, immer wieder kam uns der Gedanke: Deutschland ist so stark durchsetzt von Waffenlobbyisten, wie sollen wir uns da behaupten? Leider ist unser Land nach den USA und Russland der drittgrößte Waffenverkäufer der Welt. Welchen Umfang das Geschäft mit den Waffen genau hat, wird von den Beteiligten gern unter dem Deckmantel des Schweigens gehalten, der nur selten einmal ein wenig gelüftet wird. Zum Beispiel im Frühjahr 2011, als ein Informationsleck dafür sorgte, dass die Öffentlichkeit Einblick bekam, wie Regierung und Rüstungsindustrie zusammenarbeiten. Damals deckte das ARD-Politikmagazin „Kontraste" auf, wie die staatseigene saudi-arabische Rüstungsfirma MIC in Lizenz das deutsche Sturmgewehr G36 der Firma Heckler & Koch nachbaut, um es anschließend zu verscherbeln. Ein klarer Verstoß gegen deutsche Gesetze, weil es für Rüstungsexporte eine sogenannte Endverbleibserklärung gibt. Darin versichert der Käufer schriftlich, dass er weder aus Deutschland importierte noch mit deutschen Lizenzen gefertigte Waffen weiterverkauft.

Passiert so etwas dennoch, wird ein immergleiches Szenario in Gang gesetzt: Die Opposition regt sich mächtig auf und fordert, dass die „empörenden Vorgänge" aufgeklärt werden müssen. In diesem konkreten Fall übernahm das SPD-Fraktionsvize Gernot Erler. Regierung und betroffene Rüstungsfirma lehnen dagegen jede Stellungnahme unter Berufung auf das Geschäftsgeheimnis ab. Damit erledigt sich die Sache von selbst.

Als sich drei Monate später die Gemüter erneut erhitzten – dieses Mal wegen des Verkaufs von 200 Leopard-Kampfpanzern vom Typ 2A7+ nach Saudi-Arabien –, lief dasselbe Schauspiel von Neuem ab. Die Tagesschau meldete: „Opposition tobt. Regierung schweigt", und genau so war es: Die Bundesvorsitzende der Grünen, Claudia Roth, wütete: „Die Regierung agiert nach dem Motto ‚illegal scheißegal'" und sah ein „Glaubwürdigkeitsdesaster deutscher Außenpolitik". Die Regierung schwieg, und Regierungssprecher Steffen Seibert verwies in aller Kürze auf „die übliche und notwendige Geheimhaltung".

Auf diese zweifelhafte Art und Weise hat sich der deutsche Export von Rüstungsgütern in den letzten zehn Jahren verdoppelt. Nach einer Studie des Friedensforschungsinstituts SIPRI in Stockholm sind die wichtigsten Abnehmer Griechenland, Südafrika, die Türkei, Südkorea und Malaysia.

In einer so waffenfreundlichen Umgebung kann einem bei der Forderung nach einem Verbot von Handfeuerwaffen schon mal mulmig werden. Deshalb kam die Aufforderung von Mike North, nach New York zu fahren, gerade richtig. „Sie müssen dort dabei sein", ermunterte er mich. „Die Vertreter von Nichtregierungsorganisationen kommen aus aller Welt dorthin. Gemeinsam erarbeiten wir ein Programm, das den Besitz und illegalen Handel von kleinen und leichten Waffen bekämpft, verhütet und ächtet."

Steht dieses Programm erst einmal, wird es wesentlich einfacher sein, waffenfreundliche deutsche Politiker davon zu überzeugen, ihre bisherige Meinung zu überdenken.

Zu Hause sprach ich mit Ulrike über Micks Vorschlag. „Was meinst du?", fragte ich sie. „Sind wir schon so weit? Können wir das?"

Sie lachte. Und wurde schnell wieder ernst. „Es geht um mehr", sagte sie. „Nämlich darum, dass mit dieser Einladung die Arbeit der Stiftung international anerkannt wird. Die internationale Staatengemeinschaft respektiert uns."

Daran hatte ich gar nicht gedacht. Aber Ulrike hatte Recht. Das Aktionsbündnis ist das erste und bisher einzige deutsche Bündnis gegen privaten Waffenbesitz, Gewalt an Schulen und die Gefahr von Killerspielen. Andere Länder sind da bedeutend weiter. Die Einladung nach New York war so etwas wie ein Ritterschlag.

„Aber ich fliege nicht alleine", sagte ich. „Carlos soll mitkommen."

Carlos Bolesch war unser stellvertretender Pressesprecher. Hauptberuflich arbeitet er als Informatiker. Er kam zur Stiftung, weil er ebenfalls etwas gegen die ausufernde Waffengewalt tun wollte. „Das wird aber ganz schön knapp", meinte er, als wir uns über die UNO-Konferenz unterhielten. „Wir sind ein paar Tage zuvor auf dem Ökumenischen Kirchentag in München. Und eine Woche später müssen wir zur Übergabe der Unterschriftenliste für das Verbot von Faustfeuerwaffen nach Berlin." „Dann sollten wir schleunigst buchen." Ich setzte mich an den Computer. Was wir für die PR-Arbeit nie hatten und nie haben werden, sind große finanzielle Mittel. Alles, was wir durch Spenden einnehmen, fließt in die Projekte. „Ich schau mich nach einem günstigen Flug um. Kannst du dich um ein Hotel kümmern?"

Nachdem ich einen bezahlbaren Flug gefunden hatte, wandte ich mich wieder den Vorbereitungen für den Kirchentag zu. Wir konnten uns nur einen kleinen Stand leisten, der mit seiner Größe von vier mal vier Metern nicht gerade besonders auffallen würde. Dafür war er fünf Meter hoch – die Spezialanfertigung eines begabten Messebauers, der sich ebenfalls im Aktionsbündnis engagierte. Damit erhofften wir uns, im Gewimmel des Kirchentages doch irgendwie aufzufallen.

Als wir einige Tage später aus München zurückkehrten, hatte sich diese Hoffnung erfüllt. Wir waren glücklich, weil so viele Menschen Interesse an unserer Arbeit gezeigt hatten. Ich fühlte mich bestärkt in meiner Überzeugung, dass es eine starke Mehrheit im Land gibt, der es ganz und gar nicht gleichgültig ist, wie viele Waffen in Privatbesitz ihre Sicherheit gefährden.

Carlos und ich packten unsere Koffer aus und gleich wieder ein, um uns auf den Weg zum Frankfurter Flughafen zu machen. Unterwegs dachte ich darüber nach, welches Ergebnis eine weltweite Volksabstimmung zum Thema Waffen wohl ergeben würde: „Möchten Sie in einer Welt ohne Waffen leben? Kreuzen Sie ‚Ja' oder ‚Nein' an." Gewiss würde die überwältigende Mehrheit der einfachen Leute mit Ja stimmen. Doch noch funktioniert unsere Welt anders. Noch haben diejenigen das Sagen, die über Macht und Geld verfügen. Darum ist es gut, dass es bei den Vereinten Nationen eine Institution wie die internationale Abrüstungskonferenz für leichte Waffen gibt. Gerade diese Waffen sind eine erschreckend reale Bedrohung.

Nach den Abrüstungserfolgen bei Atomwaffen dürften auch die ‚kleinen Waffen' nicht vergessen werden, hatte UN-Generalsekretär Ban Ki-moon im Vorfeld die Konferenz gemahnt. „Es sind die konventionellen Waffen, die jeden Tag Leben und Gesundheit so vieler Menschen zerstören. Der Atomgipfel in Washington und das START-Abrüstungsabkommen waren Meilensteine, doch bei den kleinen Waffen werden jedes Jahr 960 Milliarden Euro umgesetzt."

Nach der Landung in Newark nahmen Carlos und ich den Shuttlebus Richtung Manhattan. Die Konferenz fand im UN-Hauptquartier am East River statt. Obwohl das in New York nicht so einfach ist, war es Carlos gelungen, ein Hotel ganz in der Nähe zu finden, das obendrein bezahlbar war. Im Erdgeschoss gab es eine Hotelbar, in der mehrere Fernseher liefen. Zu meiner Freude wurde die Fußball-WM in Südafrika gezeigt. Am Tag vor unserer Abreise hatte die deutsche Mannschaft ihr Spiel gegen Serbien vergeigt. Ich hatte nicht darauf gehofft, in den USA mehr als die Ergebnisse der Spiele zu erfahren, auch wenn die Amerikaner selbst noch im Turnier waren. Doch hier zeigten gleich fünf Großbildschirme Fußball. Irgendwie tat es gut zu wissen, dass wir nach einem anstrengenden Konferenztag Gelegenheit haben würden, uns bei einer so vertrauten Aktivität wie Fußball gucken ein wenig zu erholen.

Später sollten einige einschlägige Websites berichten, dass ich mit dem gesamten Förderverein in die USA gereist sei, der damals immerhin schon fünfzig Leute umfasste. Wir seien nach New York geflogen, hieß es, um uns dort einen flotten Lenz zu machen. Reaktionen dieser Art seitens bestimmter Waffenbefürworter waren mir inzwischen fast schon vertraut. Ich schüttelte nur noch den Kopf über diese Art von Berichterstattung.

Tatsache war, dass Carlos und ich uns am ersten Konferenztag ziemlich verloren vorkamen. Um 8 Uhr fanden wir uns im UN-Hauptquartier ein, um uns zu akkreditieren. Ich war beeindruckt von der unüberschaubaren Anzahl von Vorträgen und Seminaren zum Thema Waffengewalt. Noch einmal erinnerte ich mich an die Worte von Mick North: „Für Sie ist es wichtig zu sehen, dass Sie nicht alleine sind."

Eine Aussage, die sich an diesem Vormittag bestätigen sollte. Überall traf ich Menschen, die sich wie ich aus persönlichen Gründen dem Engagement gegen den Waffenwahnsinn verschrieben hatten: Sie waren auf Minen getreten und hatten ihre Beine verloren. Sie waren zufällig in Schießereien geraten und schwer verletzt worden. Sie hatten unschuldige Angehörige verloren. Sie kamen aus Ecuador, aus Japan, aus Saudi-Arabien, aus Australien, von überall her. Neben diesen unmittelbar von Waffengewalt betroffenen Menschen gab es eine Vielzahl von Leuten, die sich aus humanitärer Überzeugung gegen Waffen engagierten. Nachdem ich einen halben Tag lang Vorträge besucht und Diskussionen angehört hatte, war eine meiner Erwartungen an die Konferenz bereits erfüllt: Ich war fast überwältigt davon, wie viele Menschen sich weltweit gegen einen einfachen Zugang zu Mordwaffen zur Wehr setzen.

„Ich mach mal kurz Pause", sagte ich zu Carlos.

Unter dem großen Plakat in der Eingangshalle blieb ich kurz stehen. „Welcome to the United Nations! It's your world", stand da zu lesen. Die 1945 gegründete Organisation, deren erklärtes Ziel die Erhaltung des Weltfriedens und der Schutz der Menschenrechte ist, wendet sich in ihrer Charta gegen jede Diskriminierung aus rassistischen, religiösen oder persönlichen Gründen. Ich konnte spüren, wie sehr das auf internationalem Boden am Ufer des East River stehende Hauptquartier diese Überzeugung ausstrahlte. Als ich nach draußen ging, fiel mein Blick auf den nördlichen Teil des Vorplatzes, auf dem sich eine Skulptur befindet, die ein Symbol für den Frieden ist. Eine kleine Gruppe Japanerinnen nahm gerade davor Aufstellung. Die jungen Frauen klammerten sich fröhlich an den Revolver aus Bronze, dessen Lauf am vorderen Ende verknotet ist. Winkend hielten sie sich an der Skulptur fest, die ein Geschenk Luxemburgs an die Vereinten Nationen war. Später an diesem Tag sollte ich noch das Geschenk der Volksrepublik China sehen: Die Nachbildung der Chengdu-Kunming-Eisenbahn wurde aus einem einzigen Stück Elfenbein geschnitzt. Die Künstler arbeiteten zehn Jahre daran. Aus dem Iran stammt ein handgeknüpfter Teppich, der zu den Meisterwerken der Knüpfkunst zählt. In ihn wurde ein winziger Fehler eingewebt, weil nach der muslimischen Lehre etwas von Menschenhand Geschaffenes niemals vollkommen sein kann.

Was mich am meisten beeindruckte, waren die Zeugnisse der Atombombenexplosionen von Hiroshima und Nagasaki. In einer Vitrine war ein seltsam verformter Gegenstand zu sehen. Es handelte sich um eine geschmolzene Flasche aus den Trümmern Hiroshimas. Glas benötigt bei einer Temperatur von 1600 Grad Celsius über zwanzig Stunden, um zu schmelzen. Die Flasche zeigt ganz unmittelbar, welche ungeheuren Temperaturen in Hiroshima nach der Explosion der Atombombe herrschten. Auch vor dem UN-Hauptgebäude wird an die Atombombenabwürfe erinnert: Dort hängt die Friedensglocke, die aus geschmolzenen Metallteilen aus Hiroshima und Nagasaki gegossen wurde. Sie läutet zweimal im Jahr zum Gedenken an die Opfer der Kriege unserer Erde.

Ich entschloss mich, einen Spaziergang entlang des East River Richtung Downtown zu machen. Der Fluss ist ein Seitenarm des Hudson River und umfließt Manhattan auf der östlichen Seite. In den Straßenschluchten im Herzen New Yorks vergisst man mitunter, dass man sich auf einer Insel befindet. Kaum vorstellbar, dass diese Insel noch bis zum 17. Jahrhundert im Besitz der Algonkin-Indianer war, die sie für Waren im Wert von etwa sechzig niederländischen Gulden an einen niederländischen Seefahrer verkauften. Anders als etwa Boston und Connecticut wurde New York nicht von puritanischen Siedlern gegründet, sondern von Kaufleuten. 1844 konnte man auf den Straßen von „Neu-Amsterdam" schon achtzehn verschiedene Sprachen hören. Diese Multikulturalität ist mit der Geschichte der Stadt seit jeher verknüpft.

Wie fragil und gefährdet das Miteinander der Kulturen auf dieser Welt ist, wurde mir am Ground Zero deutlich. Noch war der Platz, an dem bis zum 11. September 2001 die Türme des World Trade Center standen, nichts als eine riesige Baustelle. Ich dachte daran, wie viele Menschen bei den Terroranschlägen ihr Leben verloren hatten, und es war schwer für mich, an diesem Ort noch länger zu verweilen. Ich ging weiter Richtung Wall Street. Dort beschlich mich ein eigentümliches Gefühl. Schließlich hatte ich selbst einmal als Kreditberater gearbeitet, und diese Zeit erschien mir jetzt wie aus einer anderen Welt. Ich legte den Kopf in den Nacken und blickte an den himmelhohen Geldtürmen empor. Wie solide das alles aussah und doch nicht war. Doch trotz oder gerade wegen der Erschütterungen, die die Finanzwelt auch gegenwärtig durchmacht, gilt unverändert, was Liza Minelli im Musical „Cabaret" sang, das 1966 in New York uraufgeführt wurde: „Money makes the world go round, the world go round, the world go round…"

Geld ist auch die Antriebskraft der Waffengeschäfte rund um die Welt: Nach einer Hochrechnung des Internationalen Währungsfonds lag 2011 der Wert aller auf der Welt produzierten Güter und Dienstleistungen bei 63 Billionen US-Dollar. Eine Billion davon wird für Waffen ausgegeben. Zum Vergleich: Das Welternährungsprogramm der Vereinten Nationen – immerhin die größte humanitäre Organisation der Welt – hat einen Jahresetat von sechs Milliarden US-Dollar. Das sind gerade mal winzige 0,6 Prozent der Summe, die wir Menschen für Waffengeschäfte übrig haben.

Ein zu hoher Preis

Man wächst mit seinen Aufgaben, sagt der Volksmund. Angesichts der Aufgabe, unser Aktionsbündnis in New York zu präsentieren, war mein Lampenfieber so groß, dass ich nur inständig darauf hoffen konnte, dass der Volksmund recht hat.

„Um 14:30 Uhr haben Sie Ihren Auftritt", erinnerte mich Rebecca Peters. Sie nahm in ihrer Funktion als Direktorin der IANSA an der Abrüstungskonferenz teil. „Das ist eine einmalige Chance für Sie."

Das stimmte natürlich. Wobei einmalige Chancen den Nachteil haben, dass sie eben einmalig sind. Wenn man sie vermasselt, bekommt man keine zweite Chance. Ich war entsprechend nervös.

„Wir werden das schon schaukeln", versuchte mich Carlos zu beruhigen.

„Die Präsentation ist auf Englisch, nicht auf Schwäbisch", entgegnete ich.

Er grinste. „Müssen wir halt aufpassen, dass wir keinen Oettinger hinlegen."

Fast musste ich lächeln. Als Günther Oettinger Ministerpräsident von Baden-Württemberg war, verhedderte er sich auf der siebten Jahreskonferenz des Zentrums für Kapitalismus und Gesellschaft der Columbia University in seinem englischen Vortragsmanuskript. Wenig später war ein Video seiner Rede auf YouTube zu sehen, und der Satz „We are all sitting in one boat" wurde zum geflügelten

Wort. Die globalisierte Welt hat eben überall ihre Fallstricke, und selbst ein Ministerpräsident kann darüber stolpern. Als ob der Spott der Web-Gemeinde nicht genügt hätte, musste Oettinger später öffentlich Rede und Antwort darüber stehen, ob seine Fremdsprachenkenntnisse für seinen neuen Job als EU-Energiekommissar ausreichten. Die Anekdote, an die Carlos erinnerte, mochte lustig sein – aber gleichzeitig war sie nicht dazu angetan, es mir in diesem Moment leichter ums Herz werden zu lassen.

Kurz vor halb drei war meine Nervosität auf Carlos übergesprungen. Es half nichts – wir mussten jetzt da raus und ans Rednerpult. Der Vortragssaal war gut gefüllt mit Zuhörern aus aller Welt. Viele kamen aus Ländern, in denen Waffengewalt zum Alltag gehört. Als sie mitbekamen, dass selbst in Deutschland am helllichten Tag ein „School Shooting" passieren kann, bekam ihr Bild vom sicheren Leben in den reichen Ländern dieser Erde einen gehörigen Knacks.

Je länger wir sprachen, desto mehr legte sich unsere Aufregung. Wir schilderten, was am 11. März 2009 in der Albertville-Realschule Winnenden geschehen war, wie es dazu kommen konnte und dass inzwischen durch die Initiative betroffener Eltern weit über 180 000 Unterschriften für ein Verbot großkalibriger Waffen in Privathaushalten gesammelt wurden.

„I didn't know you have large-caliber in Germany", rief ein junger Australier – „Ich hätte nicht gedacht, dass es in Deutschland überhaupt großkalibrige Waffen gibt!"

„Das ging mir genauso", antwortete ich. „Bis zu jenem Tag."

Wie recht der junge Mann mit seinem Einwurf doch hatte: Bis zum Amoklauf von Winnenden war es in Deutschland ein gut gehütetes Geheimnis, wie viele dieser Waffen sich legal in privater Hand befinden.

Nach der Präsentation wollten viele Zuhörer mit uns sprechen. Alle ermutigten uns: „Keep going! It's too important to stop!" – „Lasst euch nicht einschüchtern. Eure Arbeit ist zu wichtig, als dass ihr damit aufhören solltet." Auf einmal stiegen mir Tränen in die Augen. Wir sind in New York, dachte ich, wir halten einen Vortrag bei der UNO, die Leute sind von unserer Arbeit angetan.

Aber warum das alles?

Der Preis dafür war einfach zu hoch. Der Preis war das Leben meiner ältesten Tochter. Janas Leben.

Nachdem ich am Mittag noch die Friedensskulptur bewundert hatte, stand ich nun vor dem UN-Hauptgebäude und weinte bitterlich.

Warum muss ich kämpfen?

In den Wochen vor unserer Reise nach New York hatte ich mir immer wieder diese Frage gestellt: Warum muss ich so hart um unser Recht kämpfen? Warum bringen deutsche Politiker nicht den Mut ihrer britischen Kollegen auf und sorgen dafür, dass großkalibrige Waffen einfach abgeschafft werden? Auch in New York selbst verfolgte mich diese Frage. Dutzende Male kam der verblüffte Einwand: „Wieso kann so etwas bei euch in Deutschland passieren?"
„Wir haben ein lasches Waffengesetz", antwortete ich. „Und wir haben eine starke Waffenlobby. Wir haben Politiker, die nicht genügend Mut haben, sich dem Problem zu stellen. Ein Amoklauf hat immer mehrere Gründe. Der wichtigste aber ist der leichte Zugang zur Waffe."
„Aber ihr seid nicht Amerika. Bei euch gibt's doch gar keine Schusswaffen."
„Leider doch. Sogar mehr als sieben Millionen legale."
„You are kidding!" – „Das ist nicht Ihr Ernst!"
„Doch. Nur hat davon vor dem Amoklauf kaum jemand gewusst."

Den Nachmittag verbrachten wir im Hauptquartier der IANSA. Es war im Gebäude der Heilsarmee untergebracht, einem großen Backsteinhaus mit weinroter und blauer Fassade. Unter der Leitung von Rebecca Peters wurde ein „Council" aus der Taufe gehoben, dem es um die Einhaltung der „National Gun Laws" geht. Das Aktionsbündnis

Amoklauf Winnenden wurde als einzige deutsche Vertretung in diese Ratsversammlung aufgenommen. Als jedes der Mitglieder sich kurz vorstellte, war ich beeindruckt. Die hier versammelten Menschen waren durchweg mit einer Energie ausgestattet, die keinen Zweifel daran ließ, dass sie gewillt waren, ihre Anliegen durchzubringen und das Blatt zum Guten zu wenden. Es wurde sehr klar, dass der einfache Zugang zu Waffen sowohl in Entwicklungsländern, Schwellenländern als auch in reichen Industriestaaten wie Deutschland ein enormes Problem darstellt. Hier wie dort sind Politiker gemeinhin sehr zurückhaltend, was ein Engagement gegen die Waffenlobby angeht. Meine Motivation wurde bei diesem Treffen neu angefacht. Die quälende Frage, warum ich so hart um unser Recht kämpfen muss, wurde an diesem Nachmittag beantwortet: In seinem Land etwas derart Grundlegendes verändern zu wollen, ist nun einmal kein Spaziergang. Die Kräfte der Beharrung sind stark – deshalb müssen die Kräfte der Veränderung noch stärker sein. Die Bevölkerung muss immer wieder neu wachgerüttelt werden, damit eine Wahnsinnstat wie der Amoklauf von Winnenden nicht anderswo wieder passiert. Denn wo Waffen verfügbar sind, besteht diese Gefahr an jedem einzelnen Tag.

Als mir nach dem Council ein Reporter die Frage stellte, wie eine wirksame Veränderung zum Guten in Deutschland aussehen könnte, hatte ich die Antwort parat: „Wir wünschen uns, dass die Bundesregierung endlich etwas unternimmt, was man als echte Abrüstung der Privathaushalte bezeichnen kann", sagte ich ihm. „Der Staat hat das Gewaltmonopol, daran muss er sich erinnern. Waffen, die produziert werden, um Menschen zu töten, als Sportwaffen auszugeben, ist absurd. Und jedermann den Zugang zu diesen Mordinstrumenten zu ermöglichen, ist noch absurder."

Weil aber Veränderungen so schwierig sind, ist unsere Zusammenarbeit mit der IANSA Gold wert. Denn wir müssen den Druck auf die Waffenlobby und Politik erhöhen. Das bestehende Waffengesetz bietet noch immer viel zu viele Schlupflöcher. Waffenkontrollen werden viel zu selten oder gar nicht durchgeführt. Wird kontrolliert, sind die Ergebnisse erschreckend, aber die Konsequenzen gleich null. Die Regierung tut zu wenig, damit ihre eigenen Gesetze eingehalten werden.

Weil das so ist, muss ich weiterkämpfen. Unser Besuch in New York gab mir dafür einen zusätzlichen Impuls.

Gegen die Wand

Der Innenausschuss des Deutschen Bundestages kümmert sich in erster Linie um die Themen „Sicherheit und Bürgerrechte". Dazu gehört alles von der Ausländer- und Asylpolitik bis zum Zivil- und Katastrophenschutz. Im Grunde genommen geht es also darum, die Sicherheit für die Gemeinschaft mit den Freiheitsrechten des Einzelnen in Einklang zu bringen. Anders herum gesagt: Der Staat soll dort eingreifen, wo die Sicherheit der Gemeinschaft leidet, weil Einzelne sie durch ihr Verhalten gefährden. Aus diesem Grund war der Innenausschuss des Deutschen Bundestages erster Adressat unserer Forderungen: Schließlich gefährden einige Hunderttausend Waffenbesitzer die Sicherheit von Millionen Bürgern.

Ganz so einfach funktioniert Demokratie aber nicht. Was auf dem Papier oder im Internetauftritt des Deutschen Bundestages noch ganz überzeugend klingt, lässt sich in der Praxis eher zäh an. Was im Innenausschuss beschlossen werden soll, wird von den Mitgliedern der vertretenen Parteien auf Herz und Nieren daraufhin überprüft, ob es zur allgemeinen Parteienrichtlinie passt. Da ist viel Geschiebe und Gezerre an der Tagesordnung.

Wie auch vernünftige Vorschläge zerredet werden können, hatte ich ja schon im Falle des Sonderausschusses des baden-württembergischen Landtages erlebt, dem die Andrief-Kommission ihre Vorschläge vorgelegt hatte. Meine Erwartungen waren daher nicht allzu hoch, als Gisela

Mayer und ich am frühen Nachmittag des 15. Juni 2009 das Marie-Elisabeth-Lüders-Haus in Berlin betraten. Dort wollten wir unsere Sicht der Dinge vor den Mitgliedern des Innenausschusses zum Ausdruck bringen, bevor im Bundestag die Verhandlungen zur Verschärfung des Waffengesetzes begannen.

Unsere Mission war tatsächlich nicht einfach: Die geplante Gesetzesänderung zum Waffengesetz war mehr als lasch ausgefallen. Genauer gesagt: Sie war absolut unzureichend. Die Waffenlobby hatte ganze Arbeit geleistet, und unsere Anhörung vor dem Ausschuss war nicht mehr als ein letzter Rettungsversuch. Der Ausschuss selbst hatte jedoch die bisherige Gesetzesänderung mitentworfen. Warum also sollte er seine Meinung in letzter Minute noch einmal ändern?

„Das wird kein Kaffeekränzchen", hatte Gisela auf der Fahrt nach Berlin zu mir gesagt. Sie sollte recht behalten.

Bekamen wir in dieser Zeit politische Unterstützung? Ja, zum Beispiel von den Grünen. Kurz nachdem wir das Marie-Elisabeth-Lüders-Haus betreten hatten, rückte eine ganze Abordnung vom Bundesverband der Partei an, ausgestattet mit Plakaten und Flugblättern: „Hausverbot für Waffen" – „Privathaushalte entwaffnen" – „Großkalibrige Sportwaffen verbieten."

„Privathaushalte entwaffnen" traf es sicher am besten. Wann immer ich in diesen Tagen mit Politikern und Journalisten sprach, zeigten sich viele entsetzt und erstaunt angesichts der Zahlen: „Die Schätzungen über die Anzahl von Waffen in Deutschland schwanken zwischen sieben und zehn Millionen legaler Waffen und rund zwanzig Millionen illegaler Waffen", erklärte ich ihnen. „Gesicherte Daten dazu gibt es laut Auskunft des Bundesinnenministeriums nicht."

Etwas mehr als ein Jahr vor der Anhörung, im März 2008, war das Waffenrecht von der damals noch amtierenden Großen Koalition schon einmal geändert worden. Damals beschlossen Bundestag und Bundesrat ein Mitführverbot sogenannter Anscheinswaffen – damit sind Gegenstände gemeint, die echten Waffen täuschend ähnlich sehen – sowie gefährlicher Messer. Schon damals kritisierten die Opposition und zahlreiche Verbände die Ungenauigkeit dieser Formulierung. Was, bitte, ist ein „gefährliches Messer"? Und warum soll das Mitführen einer Anscheinswaffe gefährlicher sein als das Horten unzähliger scharfer Waffen zu Hause? Die Regierung geriet in Erklärungsnot, die nach dem Amoklauf von Winnenden natürlich nicht besser wurde. Aber noch hielt das Bündnis aus Waffenlobby und einflussreichen Politikern. Würde es uns bei der Anhörung vor dem Innenausschuss gelingen, einen Keil in dieses Bündnis zu treiben?

Natürlich war auch die Gegenseite vor Ort vertreten. Als ich mich umsah, entdeckte ich Friedrich Gepperth, den Präsidenten des Bundes Deutscher Schützen (BDS). Ich hatte allerdings keine Zeit, seiner Anwesenheit weitere Beachtung zu schenken, denn in diesem Moment rückte auch schon die Polizei an. Die Protestversammlung der Grünen wurde lautstark aufgelöst.

Zeit ist für jeden von uns kostbar, aber noch kostbarer scheint sie für Abgeordnete zu sein. Gisela Mayer und ich hatten eine halbe Stunde zur Verfügung, um dem Ausschuss unseren Standpunkt darzulegen. Gleich zu Beginn sahen sich einige der Volksvertreter dazu verpflichtet, uns klarzumachen, dass für Verhandlungen nicht viel Raum bleiben würde.

„Wer von denen hat wohl selbst ein paar Waffen zu Hause?", dachte ich. „Wer von ihnen hat gute Freunde bei der Waffenlobby?"

Auch an den Sprachgebrauch der politischen Klasse musste ich mich erst einmal gewöhnen. „Wenn es zu Verhandlungen kommen sollte, kann an den bereits vorgeschlagenen Waffenrechtsänderungen allenfalls noch feinjustiert werden", konstatierte eines der Ausschussmitglieder. Sicher, auch das ist Deutsch, aber bis man als Uneingeweihter wirklich versteht, was mit dieser Wortwahl tatsächlich gemeint ist, sind schon wieder ein paar wertvolle Minuten der kurzen Präsentationszeit verstrichen. Mir wurde schnell klar, dass diese Leute ihr Geschäft verstanden.

Gisela und ich allerdings hatten uns auch sehr gut auf diesen Termin vorbereitet. Und wir hatten den großen Vorteil, dass wir, anders als unsere Gegenüber, unsere Forderungen mit Fug und Recht begründen konnten – auch wenn es uns beiden unendlich schwerfiel, weil es nun einmal nicht leicht ist, vor einem politischen Ausschuss über den Tod geliebter Menschen zu sprechen. Wir hielten uns gut, und als kurz vor 15 Uhr die nichtöffentliche Aussprache vorbei war, waren wir tatsächlich ganz guter Dinge.

Doch gleich darauf begann, was die Waiblinger Kreiszeitung später als „politisches Schaulaufen" beschreiben sollte, „eine Zeit des ellenlangen Zerfaserns in unnützen Detailfragen, des Wiederkäuens längst widerlegter Argumente und des Zündens von Nebelkerzen jeglicher Art." Politik ist eigentlich ganz einfach, lernte ich wieder einmal: Man braucht ein gutes Sitzfleisch, denn der Politiker, der am Ende immer noch dahockt und redet, wird sich durchsetzen. Und man darf nie, niemals, auf gar keinen Fall einem politischen Gegner recht geben. Stattdessen sollte man immer wieder die alten Argumente hervorholen und damit verfahren wie die Kuh auf der Wiese: fressen, ausspucken, nochmals fressen. In dieser Phase der Anhörung hatten Gisela und ich außer einer kurzen Stellungnahme nichts mehr zu melden. Aber wir waren froh, dass wir mit Professor Britta Bannenberg von der Universität Gießen die wohl beste deutsche Expertin auf dem Gebiet der Kriminologie und des Waffenrechts an unserer Seite hatten.

Nun also lagen unsere Forderungen auf dem Tisch. Wir hatten sie klar und deutlich formuliert: Großkaliber-Kurzwaffen müssen im Schießsport verboten werden, denn bei ihnen ist das Risiko des Missbrauchs höher als bei Langwaffen. Ihre Durchschlags- und Feuerkraft sind immens. Sie besitzen 15-schüssige Magazine; dabei darf laut Sportordnung des Deutschen Schützenbundes ein Magazin nur mit fünf Patronen geladen werden. In der Albertville-Realschule durchschlug ein Projektil aus der Großkaliber-Tatwaffe eine acht Zentimeter starke Vollholztür, den Körper der in acht Metern Entfernung stehenden Lehrerin und bohrte sich danach noch in den Alurahmen eines Fensters. Deshalb lautete unser Fazit: Das Recht auf Leben und körperliche Unversehrtheit steht über dem Recht auf die freie Ausübung von Sportarten wie dem Großkaliber-Schießen, das nicht einmal olympische Disziplin ist.

Eigentlich hätte also alles klar sein sollen. Eigentlich.

Aber in der Politik ist nicht unbedingt derjenige erfolgreich, der die besseren Argumente hat, sondern derjenige, der diese Argumente am besten zerredet. Und in diesem Bereich waren unsere Gegner von der Waffenlobby uns weit voraus. Was auch kein Wunder ist: Sie führen ihren Kampf um die Wahrung ihrer Privilegien schon seit geraumer Zeit. Immer dann, wenn wieder etwas passiert – ein Amoklauf oder ein Massaker –, holen sie lediglich tief Luft und fangen von vorne an. Die Abgeordneten verwirren und durch endlose Detailfragen letztlich zermürben – das ist ihre Erfolgsstrategie. Sie sollte auch an diesem Tag ihre Wirkung nicht verfehlen.

Auftritt Dr. Dieter Deuschle aus Esslingen in seiner Funktion als Rechtsanwalt und Landesjägermeister von Baden-Württemberg: Er halte Waffenrechtsverschärfungen für untauglich, um Amokläufe zu verhindern. Die Ursachen dafür seien anderswo zu suchen, in der Entwicklung und Sozialisierung von Jugendlichen, in Erziehungsdefiziten, in tiefsitzenden Problemen der Gesellschaft. Und so weiter und so weiter.

Kurz gesagt: Alle anderen sind schuld. Wir Waffenbesitzer nicht.

Aber es geht ja nicht darum, etwas kurz zu sagen. Sondern darum, mit sehr vielen Worten um die Fakten herumzureden. Gelingt es, dass der eine oder andere Abgeordnete im Stillen bei sich denkt: Vielleicht hat der gute Mann ja recht, ist schon sehr viel gewonnen. Zumal Verstärkung meist nicht lange auf sich warten lässt

Auftritt Joachim Herrmann, bayerischer Innenminister, Reserveoffizier der Bundeswehr und Mitglied einer 550 Jahre alten Schützengesellschaft: Er sprach vor allem über die Gesetzestreue der Sportschützen und Jäger. „Gesetzestreue" ist ein Wort, das bei Abgeordneten gut ankommt. Deshalb betonten auch die auf Herrmann folgenden Redner immer wieder diesen Punkt, etwa Rainer Hofius, Oberstaatsanwalt in Mainz, und Jürgen Kohlheim, Vizepräsident des Deutschen Schützenbundes. Ihre eigentliche Botschaft: Liebe Abgeordnete, ihr wollt doch wohl nicht diese gesetzestreuen Bürger ohne Not verprellen, indem ihr ein Gesetz verschärft?

War damit für uns bereits alles verloren? Noch nicht, denn unsere Verbündeten hatten nicht nur leere Phrasen, sondern starke Argumente zu bieten. Bernd Carstensen vom Bund Deutscher Kriminalbeamter ließ an Deutlichkeit nichts zu wünschen übrig: „Täter bei sogenannten School-

Shootings", sagte er, „sind von anderen Tätern zu unterscheiden. Für sie ist die leicht zugängliche Schusswaffe und Munition maßgeblich entscheidend."

Das ist das genaue Gegenteil dessen, was etwa Jürgen Kohlheim behauptet.

Immer wenn ich an diesen Nachmittag in Berlin zurückdenke, spüre ich wieder das Wechselbad der Gefühle, das ich an diesem 15. Juni 2009 durchmachte. Trotz erster Erfahrungen mit dem politischen Betrieb in den zurückliegenden Monaten hatte ich mir ein Stück weit noch den Glauben bewahrt, dass in der Politik letztlich die besseren Argumente entscheiden. Und die hatten wir. Nun erfuhr ich schmerzhaft, dass dem nicht so war. Und das, obwohl Professor Britta Bannenberg den Abgeordneten noch einmal zu bedenken gab: „Die illegale Nutzung von Legalwaffen ist ein immer wiederkehrendes Muster bei Amokläufen an Schulen. Die Täter sind anders als typische Kriminelle oder Gewalttäter. Sie sind eher unauffällig und schrecken vor direkter körperlicher Gewalt zurück. Deshalb ist ihre Affinität zur Schusswaffen so bedeutend: Das sind Distanzwaffen, und damit ist die emotionale Loslösung beim Gebrauch viel einfacher. Und daher greifen Amoktäter in den meisten Fällen auf Legalwaffen zurück, die in der Familie verfügbar sind. Völlig untypisch ist dagegen für einen Täter, an illegale Waffen zu kommen. Gibt es solche Versuche, zum Beispiel über das Internet, scheitern diese kläglich. Amokläufer wählen deshalb Großkaliber, weil sie in ihrer Vorstellungswelt ein besonders mächtiges Instrument darstellen – und ein Statussymbol. Ihnen ist auch die hohe Anzahl wehrloser Opfer sehr wichtig."

Damit wissen die Abgeordneten jetzt wirklich alles, was sie wissen müssen, um eine vernünftige Entscheidung zu treffen, dachte ich damals. Der Waiblinger FDP-Bundestagsabgeordnete Hartfrid Wolff, ebenfalls Mitglied des

Innenausschusses, war dennoch überzeugt, dass an den geplanten Waffenrechtsänderungen nun nichts mehr groß geändert würde. Er sollte für dieses Mal recht behalten. Mir schien es, als hätten wir während der gesamten Anhörung gegen eine Wand geredet. Und so fühlte ich mich auch: wie jemand, der nicht nur gegen eine Wand geredet, sondern sich dort auch eine blutige Stirn geholt hat. Der lange Tag war damit noch nicht zu Ende. Gisela Mayer und ich hatten noch einen Termin in Magdeburg, wo wir an der MDR-Livesendung „Fakt ist…!" teilnehmen sollten. Wir setzten uns ins Auto und fuhren los.

Fakt ist …
was wir daraus machen

Die Sendung „Fakt ist …!" ist eine politische Talkshow. Jede Woche wird ein anderes Thema diskutiert – wie der Sender selbst sagt, kontrovers, emotional und hintergründig. An jenem 15. Juni 2009, als Gisela Mayer und ich eingeladen waren, stellte auch die Firma Armatix ihr biometrisches Waffensicherungssystem in der Sendung vor. Natürlich interessierte mich dieses Verfahren sehr, und so kam ich nach der Sendung mit dem Chef des Unternehmens, Bernd Dietel, ins Gespräch.

„Auf dem Gebiet der Waffensicherheit leisten wir Pionierarbeit", erklärte er mir. „Wir haben eine Menge Knowhow im Bereich elektronischer Schließsysteme, das wir jetzt auch zur Sicherung von Handfeuerwaffen nutzen können." Er nannte mir ein Beispiel: „Wir verkaufen solche Systeme zum Beispiel nach Saudi-Arabien und in die Vereinigten Arabischen Emirate. Viele der Scheichs dort haben mehrere Leibwächter. Was sie außerdem haben, ist große Angst davor, dass genau diese Leibwächter eines Tages auf sie schießen. Unsere Sicherheitssysteme verhindern das. Denn der Scheich trägt eine Art Transponder und die Waffen seiner Leibgarde sind mit biometrischen Sperrsystemen ausgerüstet. Daher könnte man zwar auf ihn zielen. Aber man kann nicht abdrücken. Der Transponder verhindert das."

Ich war beeindruckt. In die Mechanik von Schusswaffen hatte ich mich mittlerweile eingearbeitet. Doch die elektronischen Möglichkeiten kannte ich noch nicht. „Und wie funktioniert das?"

„Sind Sie Elektroniker?"

„Kann man nicht sagen."

„Probieren wir es trotzdem mal. Was wir ausgetüftelt haben, ist ein mechatronisches System für die Einzel- und Sammelsicherung von Kurz- und Langwaffen."

„Was bedeutet ‚mechatronisch'?"

„In dem Bauteil steckt zum einen Mechanik, zum anderen Elektronik. Wir nennen es das Sperrelement. Es entspricht exakt dem Kaliber der Waffe, welche gesichert werden soll. Das Sperrelement wird in den Lauf dieser Waffe eingeführt und versperrt sich im Patronenlager. Das passiert in Sekundenbruchteilen und ist ohne korrekte Autorisierung irreversibel. Mit anderen Worten: Das Sicherungssystem ist nicht zu knacken. Die Zuführung einer Patrone ist im gesicherten Zustand ausgeschlossen."

„Das heißt also, man kann nicht schießen?"

„Nur durch die Autorisierung. Das kann ein PIN-Code sein, ein biometrisches Muster und eben der Transponder."

„Klingt ja wie in ‚Raumschiff Enterprise'."

Bernd Dietel lächelte. „Die Technik ist schon da. Wir müssen sie nur nutzen."

„Mit solch einem Sicherungssystem könnte man ja auch Deutschland ein wenig sicherer machen." Doch soweit ich weiß, hat sich bis heute kein Waffenhersteller für diese Sicherheit gewährleistende Technologie interessiert.

So verlief das erste Gespräch zwischen Bernd Dietel und mir. Als Gisela und ich nach Winnenden zurückfuhren, war ich sehr nachdenklich. Wenn es uns nicht gelang, die deutschen Volksvertreter zu überzeugen, dass die

Mehrheit der Bundesbürger sich für Schüler mehr Sicherheit vor Amokläufern wünscht, war solch ein Sperrsystem vielleicht eine Möglichkeit, Deutschland sicherer zu machen. Doch wenn Bernd Dietel ebenso offensichtlich gegen Wände lief wie wir, was blieb uns dann noch übrig? Wieder fiel mir die Strategie der Waffenlobby ein: Keine Änderungen. Niemals. Unter keinen Umständen. Denn jedes noch so kleine Entgegenkommen wäre der Anfang vom Ende der Privilegien. Also stellt man sich stur. Und bleibt hart. In allen Bereichen, auch bei den Sicherungssystemen.

Ich blieb mit Bernd Dietel in Kontakt. Wir verstanden uns gut, und irgendwann fragte ich ihn: „Wollen Sie nicht Stiftungsgründer werden?"

„Gerne", antwortete er. „Ich habe noch eine weitere Firma. Die Quellsysteme GmbH arbeitet im Bereich weltweit einsetzbarer Trinkwasser-Lösungen. Mit ihr könnte ich Stiftungsgründer werden."

So geschah es auch. Insgesamt brachte Bernd Dietel mit der Quellsysteme GmbH 10 000 Euro als Einlage und als Stiftungsgründer in unsere Stiftung ein. Ich freute mich darüber. Noch ahnte ich nicht, dass die Waffenlobby auch gegen so etwas Mittel und Wege wusste.

Dafür schickte sie einen ihrer fähigsten Leute ins Rennen: Lars Winkelsdorf. Auf seiner Internetseite nennt er sich „Journalist und Waffensachverständiger" und gibt an, für renommierte Medien zu arbeiten. Außerdem sei er Fachdozent für Waffensachkunde und Waffenrecht. Lars Winkelsdorf wurde aktiv, um die Zusammenarbeit eines Mannes, der sich für Waffensicherungssysteme starkmachte, mit dem Aktionsbündnis Amoklauf Winnenden zu unterlaufen. Denn die Waffenlobby ist wachsam. Und sie tut alles, um eine Beschneidung ihrer Privilegien schon im Keim zu ersticken.

Der Optimist und der Pessimist in mir

Rund eineinhalb Jahre waren ins Land gegangen, seit ich Bernd Dietel in Berlin kennengelernt hatte. Seither war viel geschehen, und wenig davon war erfreulich. Auf der positiven Seite war die Stiftungseinlage von Dietels Firma Quellsysteme zu verbuchen. Auf der negativen Seite stand die Schmutzkampagne der Waffenlobby gegen wirkungsvolle Waffensicherungssysteme. Dazwischen standen wir – und an dieser Stelle ist es immer am unangenehmsten.

Dietels Firma Armatix hatte inzwischen eine sogenannte Smart Gun entwickelt. Das ist eine Waffe, die schon mit einem biometrischen Sicherungssystem ausgerüstet ist. Dietels Überlegung war: Wenn die Waffenhersteller nicht nachrüsten wollen, bringen wir eine Waffe heraus, die gar nicht nachgerüstet werden muss. Es wird weiterhin Menschen geben, die Waffen erwerben wollen. Doch diese Menschen sollen zumindest die Möglichkeit haben, eine Waffe zu kaufen, die wirksam gegen den Einsatz durch Dritte gesichert werden kann.

Allerdings wurde Armatix mit der Entwicklung der Smart Gun zum Waffenhersteller. Die Waffenlobby jubelte, und auch die Berliner Politik rührte sich plötzlich. Mit einem Mal wurde es sehr laut um uns. Ein Aktionsbündnis gegen privaten Waffenbesitz macht gemeinsame

Sache mit einem Waffenhersteller – so viel Spaß hatten die Waffenlobbyisten schon lange nicht mehr gehabt. Was hinter dieser Schlagzeile steckte, interessierte leider nur wenige. Menschen, die beim Amoklauf Angehörige verloren hatten und tief traumatisiert waren, wurden in einem Atemzug mit einem Waffenhersteller genannt. Wir steckten in der Klemme. Wie sollten wir reagieren? Eine Gegendarstellung veröffentlichen? Oder schweigen? Wir wussten es nicht.

Im Februar 2011 meldeten die Potsdamer Neuesten Nachrichten, der Tagesspiegel und einige andere Zeitungen: „Waffenfirma hat Einfluss im Opferbündnis – Propaganda für gesicherte Schusswaffen". Der Autor des Artikels war Lars Winkelsdorf.

„Unverhohlen fordert das Aktionsbündnis in einem jetzt veröffentlichten offenen Brief eine gesetzliche Pflicht für deren (Armatix') biometrische Sicherungssysteme", war zu lesen. Man „wirbt sogar offen für den Hersteller, der quasi das Monopol auf diese Technologie hat".

Spätestens jetzt hatten wir ein großes Problem. Wenn ich es bis zu diesem Tag nicht kapiert hatte, dann jetzt: Die Waffenlobby würde niemals klein beigeben.

In mir süffisant erscheinendem Ton schrieb Winkelsdorf: „Das Aktionsbündnis Winnenden, eine Vereinigung unter anderem der Opfer des Amoklaufs, setzt sich für eine Verschärfung des Waffenrechts ein. Öffentlichkeitswirksam werden Waffenverbote und Sicherungen von Waffen gefordert." Gerade so, als seien wir eine Handvoll realitätsferner Fanatiker, die nichts Besseres zu tun hatten, als Waffenbesitzer anzugreifen.

Nun konnten wir nicht länger schweigen. Unsere Gegendarstellung auf der Internetseite unserer Stiftung zu Winkelsdorfs Beitrag räumte mit allen Missverständnissen auf: Natürlich war die Quellsysteme GmbH Stiftungsmitglied.

Natürlich war Bernd Dietel Inhaber der Firma Armatix. Und genauso klar war, dass es bei uns keine indirekte Werbung für einen Waffenhersteller gab – allein der Gedanke daran ist absurd. Wir stellten klar, dass wir nichts gegen Hobbyschützen haben, nichts gegen ihre Verbände und nicht einmal etwas gegen ihre Beteiligung an unserer Stiftung. Denn wir sind absolut nicht realitätsfern, sondern im Gegenteil sehr kompromissbereit. Wir sperren uns nicht gegen Waffenhersteller, wenn sie sich als passive Stiftungsmitglieder beteiligen möchten. Sie haben dann kein Mitspracherecht, aber sie können lernen, dass es andere Wege gibt. Wir strecken anderen die Hand entgegen und wir sind nicht daran interessiert, uns an einem Medienkrieg zu beteiligen, der von der Waffenlobby mit fragwürdigen Methoden inszeniert wird. Stattdessen laden wir alle Waffenproduzenten dazu ein, die Entwicklung und Produktion biometrischer Sicherungssysteme voranzutreiben, damit aus den gefährlichen Handfeuerwaffen endlich wird, was sie derzeit nicht sind: reine Sportgeräte.

Seit diesen Ereignissen ist wieder einige Zeit ins Land gegangen. Lars Winkelsdorf ist erst einmal verstummt. Doch ob tatsächlich ein paar Waffenproduzenten dazu übergegangen sind, ihre Produkte sicherer zu machen? Ich weiß es nicht. Gemeldet hat sich bei uns jedenfalls keiner. Der Optimist in mir sagt: „Sie tun es. Dort arbeiten vernünftige Menschen, auch Männer und Frauen, die selbst Eltern sind. Sie können sich unseren guten Argumenten nicht länger verschließen." Doch der Pessimist in mir antwortet: „In diesem Geschäft geht es nur um Profit. Die Waffenproduzenten werden sich keinen Millimeter bewegen, es sei denn, man zwingt sie dazu. Der Gesetzgeber muss endlich seiner Aufsichtspflicht gegenüber seinen Bürgern nachkommen."

Wer wird recht behalten, der Optimist oder der Pessimist? Vielleicht entscheidet es sich, wenn irgendwann die schweigende Mehrheit nicht länger schweigt.

„Nie wieder"

Am Donnerstagnachmittag kehrten Carlos und ich übermüdet aus New York zurück. Zwei Stunden später saßen wir im Bus nach Berlin. Im Gepäck hatten wir eine Unterschriftenliste, die so manchem Politiker Kopfzerbrechen bereiten würde: Über 185 000 Menschen waren inzwischen bereit, mit ihrem Namen dafür einzustehen, dass der Gesetzgeber seine Pflicht erfüllen musste.

„Wir haben euch auch gewählt", war die deutliche Botschaft dieser Liste. „Denkt nicht nur an die Wähler der Waffenlobby. Wir sind viele, und wir werden euch ab jetzt genau auf die Finger schauen."

Nachdem unser Aktionsbündnis nun Mitglied der IANSA war, wurde unser Protest in die ganze Welt getragen. Also noch mehr Kopfzerbrechen für Politiker, die sich um das Image von Deutschland in der Welt so große Sorgen machten, dass sie Probleme lieber unter den Teppich kehrten. In der Frage des privaten Waffenbesitzes war dies jetzt nicht mehr möglich: „185 000 Menschen haben in Deutschland eine Petition zum Verbot großkalibriger Kurzwaffen unterzeichnet. Die Initiativen ‚Keine Mordwaffen als Sportwaffen' und ‚Aktionsbündnis Amoklauf Winnenden' präsentierten dem Parlament in Berlin die Unterschriftenliste." So und ähnlich war es in vielen Zeitungen in aller Welt zu lesen.

Ich frage mich, welche Gedanken einem Politiker durch den Kopf gehen, der eine solch imponierende Willenserklärung entgegennehmen muss. Denkt er: Da haben wir unsere Hausaufgaben nicht gemacht? Oder denkt er einfach nur: Oh, wenn doch nur schon Abend wäre? In unserem Fall war „er" eine „sie": Bundestags-Vizepräsidentin Katrin Göring-Eckardt nahm die Unterschriftenliste entgegen. Dabei richteten wir einen klaren Appell an den Deutschen Bundestag: „Die Verfügbarkeit von Schusswaffen ist ein sehr hoher Risikofaktor. Die Waffen gehören in der Regel männlichen Verwandten, sind leider oft unzureichend gesichert und werden zusammen mit der Munition zu Hause aufbewahrt. Die Schwere der Folgen wird erheblich von der Verwendung scharfer und durchschlagskräftiger Waffen bestimmt. Zudem verfügen die Täter über enorme Treffsicherheit, was auf eine jahrelange Übung mit Schusswaffen und gewaltrelevanten Computerspielen zurückzuführen ist. Hier einzugreifen ist der Gesetzgeber gefordert. Die aktuelle Änderung des Waffenrechts ist unangemessen und nicht effizient."

Kann man sich noch klarer und deutlicher ausdrücken? Vielleicht, vielleicht auch nicht. Auf meinem langen Weg, die Politik in Deutschland in Sachen Waffenfreundlichkeit zu vernünftigen Lösungen zu bewegen, muss ich immer wieder ganz klein anfangen. Ich muss erklären, was passiert ist, wie es passiert ist und was zu tun ist, damit es nicht nochmals passiert. Wenn es ginge, würde ich es gerne so einfach sagen, wie es in der Winnender St.-Karl-Borromäus-Kirche zu lesen ist. Dort befindet sich neben dem Altar eine Mauer, an der nach dem Amoklauf jeder eine Botschaft platzieren durfte, dem der Sinn danach stand. Viele, viele Zettel und viele, viele Botschaften hängen dort. Auf einem der Zettel steht: „Nie wieder. Nie wieder. Nie wieder."

Zwei Worte, die alles sagen. Meine Aufgabe ist, diese beiden Worte der Politik zu erklären, damit wir irgendwann in diesem Land dahin kommen, dass sie wahr werden.

Epilog

Am 28. Juli 2011 besuchte uns ein Fernsehteam des ZDF, um den Beitrag „Traumabewältigung nach dem Attentat" für die Sendung „Drehscheibe" zu drehen. Wann immer irgendwo auf der Welt ein Amoklauf passiert, fällt den Menschen Winnenden ein. Dann stellen sie mir die Frage, wie ich inzwischen umgehe mit dem, was am 11. März 2009 geschah. Es fällt mir jedes Mal sehr schwer, mich dieser Frage zu stellen. Auch an diesem Tag war es nicht leicht, die richtigen Worte zu finden, während die Kamera auf mich gerichtet war. Doch auf einmal sagte ich etwas, was mir im Nachhinein als wirklich wahrer Satz erschien.

„Wie ist es für Sie, an den gewaltsamen Tod Ihrer Tochter erinnert zu werden?", fragte mich die Redakteurin.

„Der Schmerz wird nicht weniger", antwortete ich wahrheitsgemäß. „Aber ich gewöhne mich daran, mit ihm zu leben."

Sie senkte schon das Mikrofon, als mir noch etwas einfiel. Ich sagte: „Es hilft, aktiv zu werden."

So ist es. Das ist das Fazit all meiner Erfahrungen der letzten Jahre: Die Erinnerung hilft, aktiv zu werden. Deshalb gibt es das Aktionsbündnis Amoklauf Winnenden mit der Stiftung gegen Gewalt an Schulen. Deshalb gibt es dieses Buch, das es eigentlich gar nicht geben sollte.

Das ist, was ich Ihnen ans Herz legen kann: Das Sich-Erinnern hilft, aktiv zu werden.

Das Aktionsbündnis Amoklauf Winnenden

Das „Aktionsbündnis Amoklauf Winnenden – Stiftung gegen Gewalt an Schulen" arbeitet auf zwei Ebenen: Zum einen setzen wir uns für die gesetzliche Initiative ein, um das Leben unserer Kinder und unser eigenes Leben gegenüber den bewaffneten Mitbürgern sicherer zu machen. Dazu fordern wir Politiker auf, ihre eigenen Gesetze anzuwenden und dort zu verschärfen, wo es dringend nötig ist. Unsere Forderungen sind wissenschaftlich fundiert und damit nicht einfach vom Tisch zu wischen. Im September 2011 kam in der Evangelischen Akademie Bad Boll ein Expertenrat zusammen, in dem Deutschlands führende Wissenschaftler auf ihrem Gebiet die neuesten Studien zur Gewaltforschung vorstellten. Wie die „Fünf Weisen" in Fragen der Wirtschaft der Bundesregierung immer wieder wichtige Ratschläge erteilen, werden wir unsere Stimme immer wieder erheben, um die Sicherheit aller Menschen in Deutschland deutlich zu erhöhen.

Bis dies der Fall ist, setzen wir uns auf einer zweiten Ebene durch unsere praktische Präventionsarbeit dafür ein, dass insbesondere Schulen in Deutschland besser vor Amoktätern geschützt sind. Wir bieten Vorträge zu Sicherheitsmaßnahmen an, beraten Lehrerinnen und Lehrer, engagieren uns in Mobbingsituationen und machen mit dem interaktiven Theaterstück „War doch nur Spaß!" Schülern und Schülerinnen der Klassenstufen 7 bis 12 ein Angebot, über die alltägliche Gewalt in der Schule nachzudenken und zu sprechen.

Wenn Sie Fragen haben, mehr wissen wollen oder uns eine sehr hilfreiche Spende zukommen lassen wollen, nehmen Sie Kontakt mit uns auf:

Aktionsbündnis Amoklauf Winnenden
Stiftung gegen Gewalt an Schulen
Vorstand Hardy Schober
Wallstr. 28
71364 Winnenden
Telefon: 0 71 95/58 95 70
Fax: 0 71 95/58 95 71
http://www.stiftung-gegen-gewalt-an-schulen.de/

Zustiftungen zum Stiftungsvermögen können Sie unter angegebenem Konto leisten:
Aktionsbündnis Amoklauf Winnenden
Stiftung gegen Gewalt an Schulen
Konto: 150 572 68
Kreissparkasse Waiblingen
BLZ: 602 500 10
IBAN: DE 38602500100015057268
BIC: SOLADES1WBN

Spenden können Sie unter:
AAW
Konto-Nr. 150 572 75
Kreissparkasse Waiblingen
BLZ: 602 500 10

Quellen

S. 23: Rede Hartfrid Wolff, 18.06.2009: www.hartfrid-wolff.de/
Rede-18062009-Waffenrecht/20851c1i1p2580/index.html
(Stand 15.12.2011)

S. 24: „Fröhliches Amoklaufen" von Georg Zakrajsek,
31.08.2010: www.legalwaffenbesitzer.de/index.php/component/
content/article/82-froehliches-amoklaufen.html (Stand
15.12.2011)

S. 68: Ron Borsch zitiert nach „Keine wertvolle Zeit verlieren"
von Friedemann Diederichs. Südkurier, 25.07.2011

S. 72: „Ansprache von Bundespräsident Horst Köhler bei der
Gedenkfeier des Amoklaufs von Winnenden und Wendlingen
am 11. März 2010": www.bundespraesident.de/SharedDocs/
Reden/DE/Horst-Koehler/Reden/2010/03/20100311_Rede.html
(Stand 15.12.2011)

S. 77: „Amok – die Angst an Schweizer Schulen wächst". SF1,
24.03.2009: www.videoportal.sf.tv/video?id=2f60326f-0565-462c-
ad4a-e948d4776349 (Stand 15.12.2011)

S. 78: „Killt die Killerspiele!" von Joachim Hirzel. Focus Online,
27.03.2009

S. 83: „Telefonanrufer droht Amoklauf an" von Dieter Vaas.
Schwarzwälder Bote, Lokalteil Aichhalden, Eschbronn und
Umgebung, 20.07.2011

S. 83: Britta Bannenberg: Amok. Ursachen erkennen – Warnsignale verstehen – Katrastrophen verhindern. Gütersloher Verlagshaus, 2010

S. 86: Expertenkreis Amok: Gemeinsam handeln, Risiken erkennen und minimieren. Prävention, Intervention, Opferhilfe, Medien. Konsequenzen aus dem Amoklauf in Winnenden und Wendlingen am 11. März 2009, S. 41: www.recht.uni-giessen.de/wps/fb01/dl/det/Bannenberg/9274/amok---bericht-expertenkreis-amok---endfassung/ (Stand 15.12.2011)

S. 86: Landtag von Baden-Württemberg: Bericht und Empfehlungen des Sonderausschusses „Konsequenzen aus dem Amoklauf in Winnenden und Wendlingen: Jugendgefährdung und Jugendgewalt", Drucksache 14/6000, S. 89: www2.landtag-bw.de/WP14/Drucksachen/6000/14_6000_d.pdf (Stand 15.12.2011)

S. 101: „Waffenrecht-Debatte ist beschämend", Erklärung Hartfrid Wolff: www.hartfrid-wolff.de/Kinderlaerm/8605b613/index.html (Stand 15.12.2011)

S. 102: „Im Ortenaukreis gibt es 5938 Waffenbesitzer" von Rüdiger Klausmann. Mittelbadische Presse/Offenburger Tageblatt, 30.07.2011

S. 103: „Was halten Sie von einem schärferen Waffenrecht" sowie „Endlich echte Lehren ziehen" von Rüdiger Klausmann. Mittelbadische Presse/Offenburger Tageblatt, 30.07.2011

S. 105: „Gelegenheit macht Mörder" von Joachim Käppner. Süddeutsche Zeitung, 21.09.2010

S. 106: „Opfervater Hardy Schober kämpft für ein strengeres Waffenrecht". Welt, 11.03.2011

S. 109: „Ballerspiele im Visier. Prädikat: aggressionsfördernd" von Jochen Paulus. Frankfurter Rundschau, 28.04.2010

S. 109: „Fachgespräch Gewalt: Taten – Täter – Prävention":
www.stiftung-gegen-gewalt-an-schulen.de/index.
php/aktionen/
542-fachgespraech-gewalt-taten-taeter-praevention (Stand
15.12.2011)

S. 110: Thomas Hartmann: Schluss mit dem Gewalt-Tabu!
Warum Kinder ballern und sich prügeln müssen. Eichborn, 2007

S. 111: „Justizminister Goll will nicht abrüsten" von Henning
Otte und Edgar Neumann. Badische Zeitung, 30.04.2010

S. 126: Chuck Palahniuk: Fight Club. Goldmann, 2004

S. 129: „Porträt: Der Vater des Amokläufers". Focus Online,
10.02.2011

S. 137: „Innenminister Gall setzt auf Vereinsverbot". Welt
Online, 16.08.2011

S. 139: „Geladene Pistolen im Schlafzimmer" von Lothar
Putschky. Fellbacher Zeitung, 11.03.2010

S. 144: „Stilles Gedenken zum Amoklauf-Jahrestag. Stuttgarter
Nachrichten, 10.03.2010

S. 154: Beitrag über Marie-Luise Braun, Landesschau Baden-
Württemberg, 11.03.2011: www.youtube.com/watch?v=6RMoqC
mPnDg&feature=player_embedded#! (Stand 15.12.2011)

S. 162: KidsVerbraucherAnalyse 2011, Pressemitteilung:
www.egmont-mediasolutions.de/news/pdf/Pressemeldung_
KVA%202011.pdf (Stand 15.12.2011)

S. 170: Klaus Schubert/Martina Klein: Das Politiklexikon.
Begriffe, Fakten, Zusammenhänge. Dietz, 2011

S. 171: „Lan-Party im Bundestag: Politiker bekommen Com-
puterspiel-Nachhilfe", Spiegel Online, 19.02.2011

S. 179: Paulo Coelho: Der Zahir. Diogenes, 2006

S. 195: Interview „Konstantin Wecker: ‚Ich habe Mut gemacht'". Südkurier, 11.10.2010

S. 203: „77 Kerzen für die Opfer". Frankfurter Allgemeine, 21.08.2011

S. 213: „Deutschland hat das strengste Waffengesetz", Harz Kurier: http://www.harzkurier.de/news.php?id=7942 (Stand 15.12.2011)

S. 213: „Waffenrecht in Deutschland", Die Bundesregierung, 13.03.2009: http://www.bundesregierung.de/Content/DE/ Artikel/2009/03/2009-03-13-amoklauf-waffenrecht.html (Stand 15.12.2011)

S. 213: Stellungnahme Angela Merkel: „Ermittlungsverfahren wegen fahrlässiger Tötung gegen Vater von Tim K.". Focus Online, 16.30.2009

S. 213, Stellungnahmen Dieter Wiefelspütz und Innenministerium: „Analyse: Sportwaffe – Mordwaffe?". Focus Online, 27.07.2011

S. 215: „Ruf nach schärferem Waffenrecht". Focus Online, 27.07.2011

S. 215: „Analyse: Sportwaffe – Mordwaffe?". Focus Online, 27.07.2011

S. 217: „Umstrittener Rüstungsexport – Deutsche Gewehrfabrik für Saudi-Arabien". Kontraste, 11.08.2011

S. 217: „Opposition tobt – Regierung schweigt": www. tagesschau.de/inland/panzer136.html (Stand 15.12.2011)

S. 220: „USA und Russland werben bei UN für Abrüstung".
Welt Online, 20.04.2010

S. 234: „Mitten im politischen Schaulaufen". Waiblinger Kreis-
zeitung/Rems-Murr-Rundschau, 17.06.2009

S. 243: „Waffenfirma hat Einfluss im Opferbündnis. Propaganda
für gesicherte Schusswaffen" von Lars Winkelsdorf. Tages-
spiegel/Potsdamer Neueste Nachrichten, 11.02.2011

S. 249: „Traumabewältigung nach dem Attentat". Drehscheibe,
28.07.2011

Es wurde versucht, alle Quellen ordnungsgemäß zu benennen.
Sollten sich Rechtsinhaber ungenannt wiederfinden, können sie
sich gerne an den Verlag wenden.